희망 가득
바른 나라
함께 하는
행복 미래

바른미래당 지음

희망 가득 나라
바른 함께 하는
행복 미래

바른미래당은 한국정치의 새로운 물결입니다.
올바른 개혁의 길, 국민과 함께 하겠습니다.

바른미래당이 꿈꾸는 대한민국의 미래는 풍요롭고 바르고 따뜻합니다.

저출산으로 인한 인구 절벽과 고령화 문제, 고용 부진과 경기 침체로 저성장과 양극화의 악순환에 빠져있는 민생경제를 살려야 합니다. 꿈과 희망이 사라지고 있는 청년들의 가슴을 다시 뛰게 해야 합니다. 미세먼지로 숨쉬기 힘든 뿌연 하늘을 다시 맑게 해야 합니다. 일에 지치고 고단한 일상에 새로운 변화를 가져와야 합니다. 이것이 바른미래입니다.

삶의 문제는 결국 경제입니다. 국민의 먹고사는 문제는 결국 정치가 해결해야 하며, 세상을 바꾸는 것도 결국 정치입니다. 한국정치의 낡은 틀을 깨고 국민의 삶, 시대의 문제를 해결하는 민생중심의 정치, 현장중심의 정치, 미래중심의 정치가 절실합니다. 이것이 바른미래입니다.

바른미래당은 한국정치의 새로운 물결입니다.
바른미래당은 중도개혁의 정치, 실용과 민생의 정치로 극단의 이념 정치를 끝내고 국민의 구체적 삶의 문제를 해결하겠습니다.

공정한 경제, 혁신 성장이 바른미래
세금을 쏟아 붓는 국가 주도의 성장이 아닌, 민간이 주축이 된 혁신 성장으로 새로운 일자리를 창출하겠습니다. 규제는 타파하고, 시장의 불공정성과 불평등만 심화되는 분배 구조는 개혁하겠습니다. 중소기업의 고혈만 짜내는 불공정한 거래는 반드시 근절하겠습니다. 4차 산업혁명 시대에 맞추어 새로운 과학기술과 교육, 환경 및 에너지 정책으로 다음 세대를 위한 나라를 준비하겠습니다.

교육이 바로서야 바른미래
교육은 미래세대를 위한 초석입니다. 그러나 우리 교육은 과도한 사교육과 입시경쟁, 학교의 위기 등으로 학생과 학부모의 고통이 가중되고 있고, 현 정부의 오락가락 교육정책으로 현장은 혼란에 빠져있습니다.

이제 부모의 경제력에 관계없이 우리 아이들 누구나 좋은 교육을 받을 권리를 보장하고 사교육비 부담을 낮출 수 있도록 하겠습니다. 사교육을 최대한 학교교실 안으로 가지고 와서 공교육을 살리겠습니다. 예측 가능한 교육제도, 100세 시대에 언제나 배울 수 있는 평생교육제도, 모두에게 공정한 기회를 제공하는 평등교육제도를 구축하도록 하겠습니다.

일과 삶의 균형(워라밸, Work&Life Balance)이 바른미래

일과 삶의 균형을 추구하는 시대의 요구에 맞춰, 보육, 노동, 복지, 문화, 주거 정책 등을 새롭게 추진하겠습니다. 성폭력, 미세먼지, 재해, 재난으로부터 안전한 사회를 만들겠습니다. 누구나 어디서든 마음 편히 일하고, 즐기며, 내일을 꿈꿀 수 있도록 하겠습니다.

지방정부의 성공이 바른미래

지방의 경제, 교육, 문화, 환경이 동시에 살아나는 정책으로 성공하는 지방정부를 만들겠습니다. 책임 있는 풀뿌리 민주주의를 위한 자치 분권을 실현하겠습니다. 중앙에 집중된 특권은 내려놓고 권한을 대폭 지방으로 이양하여 실질적인 지방 분권을 실행하겠습니다. 소외와 차별 없는 균형적인 국가발전을 추진하여 대한민국을 지방소멸 위기로부터 벗어나게 하겠습니다.

대한민국의 밝은 내일을 향한 올바른 개혁의 길,
바른미래당이 해내겠습니다.

바른미래당은 경제성장과 따뜻한 공동체, 정의로운 세상을 만들어 국민이 내일에 대해 희망을 갖고 대한민국이 힘차게 도약하도록 하겠습니다.

2018. 5
바른미래당

1 활력 넘치는 **바른 경제**, 혁신으로 성장하는 **희망 미래**

2 워라밸이 실현되는 일상, **아이와 부모가 행복한 가정**

3 미세먼지 없는 **깨끗한 나라**, 친환경에너지 **푸른 미래**

6 일상이 안전한, **걱정 없는 안심 미래**

7 공동체가 살아있는 따뜻한 나라, 함께 가는 하나된 미래

8 황혼의 농어촌에서 **해 뜨는 농어촌으로**

128 **<든든한 농어촌>이 바른미래**

- 2018년 농업부문 조세감면 일몰기한 연장
- 오지·전통마을 기본 소득지원제 및 월급제로 농어업인 복지 강화
- 농어촌관광 활성화로 농어촌 경제의 활성화 및 자생력 제고
- 쌀 목표가격 상향 조정, 고부가가치화로 안정적인 수급체계 구축
- 농수산물 소비처 및 안전·안심 농식품 공급 확대로 농어업 소득 견인
- 고령농, 여성농 등 특색에 따라 맞춤형 영농지원
- 여성농어업인 복지 향상을 위한 행복바우처 지원 확대
- 중국어선 긴급피난 시 불법조업 근절

9  국가를 위한 희생·헌신이 **대접받는 나라**

140 **<나라를 위한 희생을 잊지 않는 것>이 바른미래**

- 국가를 위해 헌신·봉사하는 군 장병 창업, 취업 지원 확대
- 낡은 군대문화 개선으로 선진 병영문화 정착
- 조국에 헌신·봉사한 보훈대상자 예우 강화
- 안보 희생지역, 접경지역에 대한 보상 확대
- 직업 군인과 가족의 생활 여건 향상

10 주민이 행복한 **지방 분권**, 지방을 살리는 **바른 정치**

148 <실질적인 지방분권>이 바른미래

- 지방세 확충과 지방교부세율 인상 동시 추진으로 지방재정 강화
- 사회복지비의 국비 전환 확대로 지방재정 확충
- 강력한 지방재정조정제도 도입으로 지역균형발전 강화
- 주민소환 대상 확대를 통한 주민의 직접통제권 강화 및 지방의회 청렴성 제고
- 14년째 동결된 이·통장 수당 인상

지방정부 성공이 **바른미래**

제7회 전국동시지방선거
바른미래당 정책공약집

활력 넘치는 **바른 경제**
혁신으로 성장하는 **희망 미래**

<혁신 성장으로 만드는 일자리>가
바른미래

- 혁신 성장 가로 막는 규제 혁파
- 실패 경험이 성공의 씨앗이 되는 '칠전팔기 플랫폼' 구축
- 지역 일자리 창출 : 지역 청년 채용하는 지역중소기업에 지원 확대
- 중소기업 청년 근로자, 국민주택 특별공급 우선분양

혁신 성장 가로 막는 규제 혁파

국민 생각

- 4차 산업혁명 시대에 혁신 성장을 주도하는 중소벤처기업은 수많은 규제로 인해 과도한 비용부담 및 자율적 기술개발 위축 등 어려움이 크므로 규제 불확실성을 제거할 필요가 있음

바른 약속

기업규모별 규제 차등적용제도 법제화

- 대기업과 중소벤처기업에 동일한 규제가 부과될 경우 규제로 인해 느끼는 부담이 중소벤처기업에게 오히려 크므로 기업규모별로 규제를 차등화하여 규제 부담의 형평성 확보 도모

실패 경험이 성공의 씨앗이 되는 '칠전팔기 플랫폼' 구축

국민 생각

- 우리나라 창업지원정책은 신생기업을 위한 자금지원 및 창업 교육 등 양적 확대에 초점이 맞춰져 있지만, 창업 실패율이 90%에 달하고 있음. 실패 원인 분석, 교육 등을 통해 실패를 사회적 자산화하여 재기할 수 있는 혁신적인 창업 생태계 조성이 필요함

바른 약속

칠전팔기 플랫폼 구축으로 실패 경험을 성공의 자산화

- (공유) 실패 제품 전시 + 실패 원인 분석 + 실패 경험 공유 등
- (운영) 실패 사례 DB 구축, 실패 원인에 대한 연구·분석, 비즈니스 컨설팅, 교육 및 세미나, 창업 및 재창업 자문 지원 등

지역 일자리 창출 : 지역 청년 채용하는 지역중소기업 지원 확대

국민 생각

• 정부의 다양한 지원에도 불구하고 구직자의 지역 선호도에 따라 지역 중소기업 인력난은 지속되고 있음. 지역 중소기업 인력난 해소를 위해서는 해당 지역출신, 지역소재 학교를 졸업한 학생의 지역 중소기업 취업연계가 중요함

바른 약속

지역 청년 인재를 채용하는 중소기업에 지원 확대

• 지원기업을 현행 '300인 이상 기업'에서 '중소기업'으로 확대하고, 현재 대기업이 35% 이상 채용할 경우에 각종 지원*을 하고 있으나, 중소기업의 경우에는 15% 이상 채용했을 경우에도 지원토록 함

* 투·융자, 판로 및 기술개발, 인력, 수출, 홍보 등 관련 지원 확대

중소기업 청년 근로자,
국민주택 특별공급 우선분양

국민 생각

- 현행법은 중소기업 5년 이상(동일한 중소기업 3년 이상) 재직자를 대상으로 국민주택 우선분양을 지원하고 있으나, 청년근로자의 경우 그 기준이 결혼 등 생애주기에 맞지 않아 주택 마련이 어려우므로 청년 재직자에 한해 지원 범위를 확대하여 청년들의 주택 마련을 돕고, 중소기업은 인력난 해소 필요

바른 약속

중소기업 재직 청년근로자에게 국민주택 및 주택 특별공급 대상으로 우선 분양

- 「중소기업 인력지원 특별법」 개정
  - 국민주택 특별공급 대상을 현행 5년 이상 중소기업 재직 근로자에서 중소기업 청년근로자(15~34세)의 경우, 2년으로 축소

<활력 넘치는 민생 경제>가
바른미래

- 최저임금 인상으로 고통 받는 골목상권 전기료 최대 20% 할인
- 소상공인 맞춤형 인공지능(AI) 상권분석시스템 도입
- 자영업자 고용보험 지원 강화로 사회안전망 구축
- 사회보험료 지원사업으로 자영업자에게 희망을!
- 중앙+지방 연계형, '2+1 청년내일채움공제' 도입
- 맞춤형 금융·법률 지원으로 자영업자 재기 응원
- 전통시장 화재보험 도입
- 임금체불 예측 시스템 구축 및 최저임금 체당금제도 도입
- 실업급여 확대·부양가족수당 신설로 사회안전망 강화
- 금융취약계층 맞춤형 금융지원으로 사회안전망 강화

최저임금 인상으로 고통 받는
골목상권 전기료 최대 20% 할인

국민 생각

- 급속한 최저임금 폭등 여파로 소상공인·자영업자의 경영난이 악화되고 있음. 전기료나 임대료 등 최소한의 경영 유지를 위해 지출해야 하는 고정 비용부담도 만만치 않은 상황에서 최저임금 인상에 따른 인건비 상승까지 겹쳐 직원 고용을 유지할 여력이 안 돼 고통이 가중되고 있음

바른 약속

소상공인·자영업자 전기료 최대 20% 할인

- (대상) 신용카드 우대수수료가 적용되는 소상공인·자영업자 대상(226만 사업자)
- (방법) 연매출 5억원 미만의 자영업자에 대해 매출구간별로 차등하여 최대 20만원 한도 내에서 지원
  - 연매출 2억원 이하 구간(80%) : 20% 감면
  - 연매출 2~3억원 구간(8%) : 15% 감면
  - 연매출 3~5억원 구간(12%) : 10% 감면
- (기간) 정부가 최저임금 인상 여파 충격 완화를 위해 일자리 안정자금 지원을 시행하는 한시적 기간 동안 지원

소상공인 맞춤형 인공지능(AI) 상권분석시스템 도입으로 자생력·경쟁력 제고

국민 생각

- 기존 상권분석시스템은 시장 환경 변화에 따른 경영 위기에 적절히 대처할 수 있는 정보 제공이 이루어지지 않아 폐업 후 지원이 이루어지거나, 사용자가 원하는 맞춤형 답을 줄 수 없는 근본적인 한계가 있음

바른 약속

소상공인 맞춤형 인공지능(AI) 상권분석시스템 도입

- 국세청 폐업정보·국민은행 상가정보 등과 연계하여 최신 정보로 업데이트하고, 소득·소비·인구·교통·매출·행정 등 상권관련 데이터베이스(DB)를 수집·분석하여 최적의 정보 제공
    - 예비창업자에게는 적성과 상황에 적합한 업종과 업태 제안
    - 소상공인에게는 재무적·비재무적 목표, 고객특성에 따른 프로모션 방안, 인적자원의 채용·관리와 같은 최적의 사업경쟁전략 제공
    - 점포 라이프 사이클에 따른 적절한 성장 전략 제시

자영업자 고용보험 지원 강화로
사회안전망 구축

국민 생각

- 현재 근로자를 사용하지 않는 자영업자와 50명 미만의 근로자를 사용하면서 사업을 개시한지 5년이 안 된 자영업자에 대해서도 고용보험 가입이 허용되고 있으나 활용률이 매우 저조하고, 보험료율과 실업급여 수준, 지급 기간에서 근로자와 자영업자 간의 간극이 큼

바른 약속

자영업자 고용보험 지원 강화

- 30인 미만의 근로자를 사용하는 자영업자에게도 사업장 규모에 따라 국민연금과 고용보험료의 최소 50%에서 최대 90%까지 지원하고, 실업급여의 수준과 지급기간을 근로자의 경우와 형평을 맞추도록 개선
- 근로자 위주의 고용안정·직업능력개발 사업을 자영업자 특성에 부합하는 특화사업으로 대폭 개선하여 실패 시 재기 지원

사회보험료 지원사업으로
자영업자에게 희망을!

국민 생각

- 2018년 최저임금의 급격한 인상으로 경영의 어려움을 겪는 영세 자영업자 지원을 위해 일자리 안정자금을 지원하고 있으나 제도의 실효성이 낮아 실질적인 도움이 되지 못하고 있는 상황

바른 약속

사회보험료 지원사업 실시

- 중앙정부에서 실시하고 있는 10인 미만 사업장의 국민연금과 고용보험 보험료 80%(5~9인 사업장)~90%(4인 이하 사업장)를 지원하는 두루누리 사회보험료 지원사업의 차액인 10%(4인 이하 사업장)~20%(5~9인 사업장)를 지자체가 연계하여 지원

중앙+지방 연계형
'2+1 청년내일채움공제' 도입

국민 생각

- 현재 중앙정부에서 중소기업 재직 청년 근로자에 대하여 2년간 1,600만원의 자산을 모을 수 있도록 청년내일채움공제제도를 운영하고 있으나, 소속 지자체 소재 중소기업에 재직 중인 청년들의 장기근속을 도모하고 보다 많은 자산을 형성할 수 있도록 정부+지자체 간 사업연계의 필요성 대두

  * 정부 청년내일채움공제 : 근로자 3백만원+기업 4백만원+정부 9백만원=1,600만원(2년)

바른 약속

2+1 청년내일채움공제(중앙정부 2년 + 지자체 1년) 도입

- 중앙정부의 2년 청년내일채움공제에 가입한 청년근로자들을 대상으로 지자체가 연계, 1년간 지자체의 청년내일채움공제에 가입하면 총 3년간 더 많은 자산을 형성할 수 있도록 함(1,600만원+α)

  * 예시) 청년 5백만원+정부 9백만원+기업 4백만원+지자체 6백만원=2,400만원(3년)

맞춤형 금융 서비스·법률 지원 컨설팅으로 자영업자 재기 응원

국민 생각

- 내수부진, 최저임금·임대료·전기료와 같은 비용 상승, 불공정거래 증가 등으로 회생·파산 위기에 처한 영세 자영업자·소상공인이 재기의 발판을 마련할 수 있는 맞춤형 금융 서비스 및 법률 지원 컨설팅으로 서민경제의 근간을 이루는 자영업자·소상공인의 경쟁력과 생존력 강화

바른 약속

영세 소상공인 금융 지원 확대 및 재기 지원

- 금리와 보증료를 인하하는 영세 소상공인 상생대출 프로그램 확대
- 실패한 소상공인의 재기와 재창업 지원을 위해 성실실패자의 채무감면율과 보증비율 확대
- 소상공인 재창업패키지, 희망리턴패키지(임금근로자 전환) 확대
- 영세자영업자 폐업 후 재기를 위한 재창업이나 취업시 체납세금 면제(3,000만원 한도 1년 한시적용)

법률구조와 소상공인 재기 지원 사업 연계·활성화

- 회생·파산 위기에 처한 영세 자영업자에 대한 법률구조사업을 활성화함과 동시에 소상공인 재기 지원사업과 법률구조사업을 연계함으로써 실패한 소상공인의 자활 지원

전통시장 화재보험
국가와 지자체가 지원합니다

국민 생각

- 대구 서문시장, 여수 수산시장, 의정부 제일시장, 평택 통복시장 등 최근 6년간 전통시장에서 발생한 화재피해액은 약 523억원을 넘고 있지만, 시장상인의 화재보험가입률은 4곳 중 1곳에 불과하고, 보험사의 인수거절로 가입하지 못한 비율도 34.6%에 달하여 대형화재의 사전 대비가 어려움

바른 약속

전통시장 화재보험 도입

- 정부나 지자체가 보험료를 일정수준까지 지원하여 재난에 취약한 저소득 상인 보호
  - 정부 50%, 지방자치단체 20~30%, 정책성보험 가입자 20~30%씩 각각 부담하는 구조의 전통시장 화재보험 지원 근거를 마련하고 화재위험도를 현행보다 구체적으로 세분화

임금체불 예측 시스템 구축 및 최저임금 체당금제도 도입

국민 생각

- 2017년 우리나라 임금체불 총액은 1조3,811억원으로 우리보다 경제규모가 약 3배 큰 일본에 비하여 10배나 많고, 최저임금을 받지 못하는 근로자에 대한 국가적 책임이 강조되고 있는 상황

바른 약속

'임금체불 예측시스템 구축'을 통한 임금체불의 사전예방

- 사회보험료 미납사업장은 임금 체불의 가능성이 높으므로 국민건강보험공단과 연계하여 해당 사업장을 주기적으로 확인하고 체불여부를 사전 점검

'최저임금 체당금' 도입으로 최저임금 받을 권리 국가 보장

- 임금채권보장기금의 체당금을 이용하여 최저임금을 받지 못한 근로자에 선(先)지급하고, 향후 국가가 체불 사업주에게 돌려받도록 함

실업급여 확대 및 부양가족수당 신설로 사회안전망 강화

국민 생각

- 우리나라 실업급여액은 1995년 고용보험제도 도입 이래 평균임금의 50%로 유지되고 있고 실업급여의 지급기간은 최소 90일에서 최대 240일로 OECD 주요국과 비교하면 매우 짧음

- 또한, 주 2일 이하의 15시간미만 근로자는 18개월 동안 유급근로일이 최대 156일에 불과하여 현행법상 실업급여 수급요건인 가입기간 180일을 충족하지 못해 실업급여를 받을 수 없는 사각지대 존재

바른 약속

실업급여 확대 및 부양가족수당 신설

- 현행 실업급여액을 평균임금 50%에서 60%로 확대

- 현행 실업급여 지급기간을 30일씩 연장하여 최소 120일에서 최대 270일로 확대

- 실업자에게 부양가족이 있을 경우, 부양가족수당 지급

- 주 2일 이하의 15시간미만 근로자의 수급조건을 '이직 전 18개월 이내'에서 '이직 전 24개월 이내'로 확대

어려울 때 손 잡아주는
따뜻한 금융친구

국민 생각

• 지속되는 저성장·양극화, 최악의 청년실업률로 저소득·저신용의 서민과 청년·대학생들은 생계자금 마련에 어려움을 겪고 있으나 제1금융권의 높은 문턱, 불리한 신용등급체계, 복잡한 서민금융상품 구조 등으로 고금리의 사금융 피해를 입거나 불법금융의 늪에서 고통 받고 있음

바른 약속

금융취약계층 맞춤형 금융지원·신용구제 및 청년·서민 금융PB 도입

• 서민과 청년·대학생 맞춤형 종합 금융지원 및 신용구제 확대

• 미소금융, 햇살론, 새희망홀씨, 바꿔드림론 등 복잡한 서민금융상품 체계를 알기 쉽고 편리하게 개편

• 서민·청년 친화적으로 대출심사와 신용등급 체계 개편

• 지역에 밀착하는 민간금융주도의 '관계형 금융' 육성
  – 지역사정에 밝은 민간서민금융기관이 주도적 역할을 할 수 있도록 서민 금융지원에 적극적인 금융기관 인센티브 제공

• '청년·서민 금융PB센터' 구축
  – 고액예금자에게만 제공하는 종합금융컨설팅서비스를 금융취약계층인 청년과 서민에게도 제공

<평평한 경제 운동장>이
바른미래

● 코리아 블랙프라이데이를 '중소기업 화이트데이'로!
● 가맹본부 갑질, 불공정거래 근절로 가맹점사업자 보호
● 대리점 본사의 갑질, 불공정거래 근절로 대리점사업자 보호
● 지자체에 불공정거래 조사권·처분권 부여로 소상공인·중소기업 보호

코리아 블랙프라이데이를 '중소기업 화이트데이'로!

국민 생각

- 블랙프라이데이와 같은 대규모 할인행사로 중소기업은 막대한 피해를 입고 있음. 이는 가격할인에 따른 손실을 납품업체에 전가하는 불공정 행위가 만연해 있기 때문임
- 또한 대규모 유통업체가 외상으로 물건을 매입하고, 납품업체에 과도한 수수료와 재고 등 각종 비용 부담을 떠넘기는 특약매입 방식도 중소기업의 어려움을 키우는 원인이 되고 있음

바른 약속

중소기업에 일방적 희생과 손해를 강요하는 블랙프라이데이의 불공정 구조 개선

- 대규모 유통업체의 고질적이고 악의적인 불공정 행위에 대한 배상책임 부과를 구체적으로 명시
- 우리나라의 유통구조를 특약매입 중심 구조에서 직매입 방식으로 변경

가맹본부 갑질, 불공정거래 근절로 가맹점사업자를 지키겠습니다

국민 생각

- 가맹점사업자를 고통으로 몰아넣는 가맹본부의 고질적인 갑질과 불공정거래 근절로 가맹점사업자의 권익 보호 및 공정하고 상생하는 가맹사업의 거래질서 확립 필요

바른 약속

가맹본부 갑질 근절법으로 가맹점사업자 권익 보호 강화

- 필수물품에 대한 명확한 기준 설정 및 통행세 부과 규제
- 광고·판촉행사와 제휴할인 실시 전 사전 동의 의무화 및 비용전가 금지
- 가맹점 점포공사의 시공사 선정에 경쟁 입찰 의무화
- 가맹점사업자단체 등록 규정 마련 및 성실협의 의무위반 유형 지정

대리점 본사 갑질, 불공정거래도 근절하겠습니다

국민 생각

- 대리점법이 제정·시행되었지만 대리점 5곳 중 1곳은 여전히 본사의 불공정행위로 피해를 보고 있으므로 가맹사업법 수준으로 대리점 보호 장치를 강화

바른 약속

가맹사업법 수준으로 대리점 보호 강화

- 대리점 정의 및 적용제외 규정을 수정하여 대리점법 적용범위 확대
- 본사의 정보공개서 등록의무 제도 도입
- 대리점 계약 갱신청구권 도입 및 본사의 계약해지 제한
- 대리점 사업자의 단체구성권, 단체협상권 도입으로 교섭력이 약한 대리점주의 협상기반 확보
- 판매목표 강제, 불이익 제공행위, 보복조치 등에 징벌적 손해배상 확대

지자체가 앞장서
소상공인·중소기업을 지키겠습니다

국민 생각

- 가맹점, 대리점, 하도급업자 등 소상공인·중소기업의 불공정거래 피해가 지속되고 있음. 이에 공정위의 인적·물적 한계를 보완하기 위하여 시도지사 등 지자체에 조사권·처분권을 부여하고, 실질적 피해구제를 위해 사인의 금지청구 도입, 징벌적 손해배상 확대 및 전속고발제도 개편

바른 약속

지자체에 조사권·처분권 부여 및 협업

- 지자체에 가맹·대리점·하도급 사건에 대한 조사권과 처분권 부여
- 각 지자체에 분쟁조정협의회 설치 확대 및 정보공개서 등록 업무 이양
- 가맹업법·유통업법·대리점법·하도급법 위반시 지자체장도 고발이 가능하도록 전속 고발권 개편
- 소상공인·중소기업의 실질적 구제를 위한 사인의 금지청구권 도입과 징벌적 손해배상 확대

제7회 전국동시지방선거
바른미래당 정책공약집

워라밸이 실현되는 일상
아이와 부모가 행복한 가정

<일과 삶의 균형>이
바른미래

● 과로사회 NO! 근로시간 계좌제로 초과근로시간 휴가로 돌려받기
● 독박육아 NO! 엄마아빠가 함께하는 행복한 육아
● 임신 여성근로자의 근로시간 단축 청구권 확대

과로사회 NO! 근로시간 계좌제로 초과근로시간 휴가로 돌려받기

국민 생각

- 현행 보상휴가제는 초과근로에 대한 보상이 단기·단절적으로 이루어지고 있고, 법 규정이 모호하여 제도의 실효성이 부족함

바른 약속

근로시간 계좌제 도입

- 근로자별로 근로시간계좌를 개설하여 근로시간을 초과해 일한 만큼의 시간을 저축해 뒀다가 휴가나 휴식이 필요할 때 쓸 수 있도록 '근로시간 계좌제' 도입
- 「근로기준법」 개정

독박육아 NO!
엄마아빠가 함께하는 행복한 육아

국민 생각

• 현재 같은 아이에 대해 부부가 동시에 육아휴직을 사용할 수 없고, 육아휴직급여
역시 동시에 지급되지 않아 독박육아로 일방의 고통만 강요받고 있음. 또한, 현행
육아휴직제도는 1년으로 한정되어 있고, 1년의 범위에서 육아휴직과 육아기 근로시간
단축제도를 분할하여 사용하도록 하고 있으나, 경력단절과 소득 감소를 막기 위해
제도의 유연성을 높일 필요 있음

바른 약속

같은 자녀에 대해 부부 동시 육아휴직 사용, 부부 동시 육아휴직급여 지급

육아기 근로시간 단축제도 확대

• 〈육아휴직 1년 + 육아기 근로시간 단축제도 1년〉으로 확대하여 출산초기 뿐 아니라,
어린이집, 초등학교 등 취학연령에 맞게 출퇴근 시간을 조정 가능하도록 함
  * 한부모 가정의 경우, 자녀 1인에 대해 2년의 육아기 근로시간 단축 보장

임신 여성근로자의
근로시간 단축 청구권 확대

국민 생각

- 현재 임신 12주 이내 또는 36주 이후의 여성근로자의 신청이 있으면 1일 2시간의 근로시간을 유급으로 단축할 수 있으나, '12주 이내' 또는 '36주 이후'의 기준은 개인의 차이를 간과한 일률적 기준으로 합리적이지 못함

바른 약속

1일 2시간 근로시간 단축 청구권, 임신 전 기간으로 확대

- 임신 여성근로자의 1일 2시간의 근로시간 단축 청구권을 임신한 전체 기간으로 확대
- 지원금 지급으로 임신 여성근로자의 근로시간 단축에 따른 사업주 부담 완화

<행복한 우리 아이>가
바른미래

- 무료아침식사로 시작하는 아이의 건강한 하루
- 우리 아이 위협하는 로타바이러스 무료 예방접종
- 미세먼지 걱정 없는 공공형 키즈카페 설치
- 학교에 위해물질 측정기 설치, 공기청정기 설치 의무화
- 우리 아이 등하굣길 안전 UP!
- 학교 안전사고 무상치료 실시
- 주민자치센터 '초등돌봄 재능교실' 운영
- 아이돌보미 임금보전제 실시

학교에서 무료 아침식사로 시작하는 아이의 건강한 하루

국민 생각

- 맞벌이 가정 증가 등으로 아침결식률이 29%나 이르고 있어, 결식 청소년을 위해 국가차원의 아침 식사제공과 올바른 식생활교육이 필요함
- 전국 초·중·고가 전면 급식을 실시 중이나 특정시점 중심의 식자재 위생관리, 공급업체의 영세성 등으로 먹거리 안전이 위협받고 있음

바른 약속

1석 3조(건강·학업성취·출산율 제고)의 '우리 아이 아침식사 제공' 확대

- 초등학생 아침간편식(주먹밥, 영양떡, 컵과일 등) 제공 확대
  * 미국의 미주리, 미시시피, 텍사스 등에서 학교 아침식사 프로그램(BIC) 시행 중
- '어린이 건강식품 판매 인증제' 도입 및 학생 건강·식생활교육 강화

학교급식 식재료 3단계 안심 체계 구축

- '농장-유통-식탁'의 3단계 안전성검사 체계를 구축하여 학교급식의 안전·안심· 신뢰성 확보
- 학교급식 식재료 구입체계 개선 및 지원 확대로 고품질 식재료 제공 강화

우리 아이 위협하는 로타바이러스 NO!
무료 예방접종으로 안심 UP, 건강 UP

국민 생각

- 영유아 사망원인 2위인 로타바이러스는 구토, 발열, 설사, 탈수증을 일으키는 장염의 원인으로, 생후 3개월 이후 영아에게서 증상이 가장 심하게 나타나지만, 백신 접종 비용이 20~30만원에 달해 접종률이 70%에 그쳐 저소득층 영유아는 감염에 취약한 실정임

바른 약속

로타바이러스 예방접종 무료화

미세먼지 걱정 없는
공공형 키즈카페 설치

국민 생각

- 미세먼지 농도가 높은 날, 정부는 외출 자제를 경고할 뿐 실내에서 놀 수 있는 장소를 제대로 마련하지 못하고 있음. 그나마 아이들이 마음껏 뛰어 놀 수 있는 실내놀이터, 키즈카페는 접근성이나 이용요금 부담으로 인한 사각지대가 존재하여 아이들의 놀이 기회의 불평등이 발생함

바른 약속

공공형 실내놀이터·키즈카페 설치

- 보건소·문화회관·평생교육시설 등의 유휴 공간을 활용해 실내놀이터·키즈카페 설치
- 지자체와 자치구에서 운영 및 관리 지원

한국토지주택공사(LH)·서울주택도시공사(SH) 아파트 공급 시 실내놀이터 설치 의무화

학교에 위해물질 측정기 설치, 공기청정기 설치 의무화

국민 생각

• 교실 및 학교시설 환경점검은 간헐적으로 이루어져 위해물질 안전점검이 제대로 이루어지지 않고 있으며, 1급 발암물질 석면 제거공사가 제대로 안된 학교가 전체의 67%, 폐암유발 1급 발암물질 라돈 실내농도 권고기준치 초과 초·중·고교가 전국 400개교에 이름

바른 약속

교실 내 공기청정기 설치 의무화 및 필터 정기적 교체 관리 지원

학교환경 위해물질 사전 차단 종합 점검 체계 마련

• 교육시설 환경안전 상시 모니터링 체계 마련

• 학생과 학부모, 학교관리자가 학교 위해물질 정도 직접 파악, 감시

• 위해물질 측정기 설치, 측정 정보 상시 관리 의무화

지자체 학교시설 주기적 환경 점검 시스템 운영 및 통합 관리 체계 마련

• 교육환경 평가, 후속조치 및 전담인력 시스템, 장·단기 대응방안 마련

등하굣길 교통사고·학생 보행자 사고 NO!
우리 아이 등하굣길 안전 UP!

국민 생각

- 등하굣길(통학로)에 인도가 끊어져 없거나, 불법 주·정차 차량들로 보행안전이 위협받는 등 다양한 위험에 학생들이 노출되어 있음. 그러나 어린이보호구역(스쿨존)은 등하굣길 보행로에 대한 법적 관리가 미흡한 실정임

바른 약속

학교 안전 보호지역 통합 지정, 통학로 학생 보행 안전 확보

- 학교부지 경계로부터 반경 500미터와 통학로를 학생 안전지역으로 설정하여 학생 안전이 우선시 되는 지역으로 조성
- 「학교 안전 법률」 제정
  - 현행 초·중등교육법, 학교폭력예방 및 대책에 관한 법률, 학교보건법, 학교 안전사고 예방 및 보상에 관한 법률 등의 학교 안전 관련 조항을 통합해 법률 제정

학교 안전사고 치료비 걱정 NO!
무상치료 실시

국민 생각

- 다양한 야외활동과 체육활동 확대 등으로 학교 안전사고가 증가하고 있으나 학교안전공제회의 만성적자로 인해 학교 안전사고가 발생해도 보상이 제대로 이뤄지지 않고 있음

바른 약속

학생, 교육활동참여자 학교 안전사고 피해보상 및 무상치료

- 초등학교에서 고등학교까지 학교 안전사고 발생 시 학생, 교육활동참여자의 치료비와 병원비 무상지원
- 지자체가 학교안전공제회에 보조금 지급

초등 돌봄교실 LEVEL UP!
주민자치센터 '초등돌봄 재능교실' 운영

국민 생각

- 돌봄전담사 예산 지원과 교실 운영 여건 등 문제로 수용 인원의 제한이 있어 대기자가 지속적으로 발생하고 있고, 돌봄전담사 1명이 20명 정도의 학생을 돌보고 있어 온종일 부모를 기다리며 시간만 보내게 되는 우려가 있음

바른 약속

주민자치센터 초등돌봄 재능교실 운영

- 주민자치센터 내에 안전한 지역사회 시설을 활용한 초등돌봄 재능교실 운영
  * 운영시간은 학교 정규수업시간 이후부터 현행보다 2시간 늘어난 저녁 7시까지로 연장하고, 대상은 초등학생 전학년으로 확대

- 문화예술, 체육, 음악 등 인성교육과 코딩, 로봇, 드론 등 4차 산업혁명 대비 기초교육 프로그램 및 영어, 수학 소그룹 맞춤형 코칭 프로그램으로 재능과 꿈을 키워줄 수 있는 레벨업 초등돌봄 재능교실로 내실화

지방자치단체 심사과정을 통해 보육 및 교육 전문성과 능력을 갖춘 돌봄, 학습 인력풀 시스템 구축

아이돌보미 임금보전제 실시
아이돌봄서비스 자치구 통합 운영·관리 체계 구축

국민 생각

- 돌보미들이 직접 가정으로 찾아가는 '아이돌봄서비스'는 만족도가 높아 많은 호응을 얻고 있으나 현실과 동떨어진 돌보미 임금으로 인력수급이 턱없이 부족하며 지자체마다 아이돌보미 인력을 따로 운영하고 있어 일시적 돌봄 공백 수요에 탄력적으로 대응하기 어려움

바른 약속

지자체 지원금을 활용한 아이돌보미 '임금보전제' 실시

- 아이돌봄서비스는 종전 이용요금 그대로 제공하고 지자체 보전금 통해 아이돌보미 임금 현실화
- 인력 수급 불균형 문제 해소

아이돌봄서비스 지자체 통합 관리 체계 구축

- 아이돌봄서비스 통합 관리 시스템을 구현해 지자체 간 행정 칸막이 제거
  - 아이돌보미의 신원인증 및 관리, 교육 연수 운영 체계 구현
  - 특정 지역 일시적 수요 급증에 탄력적 대응, 돌보미 인력 공급 불균형 해소

제7회 전국동시지방선거
바른미래당 정책공약집

3

미세먼지 없는 **깨끗한 나라**
친환경에너지 **푸른 미래**

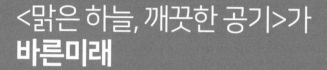

<맑은 하늘, 깨끗한 공기>가
바른미래

- 미세먼지 맞춤형 관리로 우리 동네를 더욱 청정하게!
- 자연 공기청정기, 1억 그루의 도시숲 만들기
- 1급 발암물질 초미세먼지 특별 대책 수립
- 중국발 미세먼지 발생 원인, 과학적 규명으로 근본 대책 마련
- 국내 미세먼지 감축을 위한 제도 개선

미세먼지 맞춤형 관리로
우리 동네를 더욱 청정하게!

국민 생각

- 미세먼지 피해는 나날이 증가하고 있으나 국가중심의 획일적 관리체계로는 지역별 대기질 개선이 어려운 실정임. 지역 맞춤형 관리 체계 구축이 절실함

바른 약속

지역 맞춤형 청정미세먼지 조례 제정
- 지자체별 미세먼지 저감목표 수립
- IoT측정망 체계 구축
- 미세먼지 대책위원회 설치
- 미세먼지 비상저감조치 시행
- 지자체별 청정 미세먼지 조례 제정
- 건설현장 근로자 등 취약그룹 지원 대책 마련
- 어린이, 어르신 등 민감그룹에 대한 지원

자연 공기청정기,
1억 그루의 도시숲 만들기

국민 생각

- 도시의 확장 및 개발로 미세먼지 정화능력이 탁월한 녹지가 수도권은 10년간 4만 4천 ha가 감소되었고 그린벨트 면적도 10년간 3.9% 감소하였음
  - 도시숲 1ha는 연간 168kg의 대기오염 물질 흡수

바른 약속

1억 그루의 미세먼지 정화숲 조성

- WHO 권장수준 1인당 9㎡의 도시숲 면적 조성
- 석탄발전소, 산업단지, 서해안지역에 대규모 완충녹지 조성
- 발원지인 몽골 등에 조림사업
- 건물외벽·버스정류장 등에 식물벽 조성

1급 발암물질 초미세먼지
특별 대책 수립

국민 생각

- WHO는 초미세먼지를 1급 발암물질로 규정하고 있으며 노출에 따른 질병 발병 위험도가 매우 높음. 그러나 초미세먼지의 실내관리 기준이 부재하고 산업단지에서 배출되는 초미세먼지 대책 또한 미흡함

바른 약속

초미세먼지 특별 대책 수립

- 다중이용시설에서 실내공기질 측정 및 정보 공개 의무화
- 사물인터넷(IoT) 기반 측정망 구축 및 자동 환기제어 시스템 설치
- 석탄발전소 등 산업시설의 초미세먼지 배출량 규제

중국발 미세먼지 발생 원인,
과학적 규명으로 근본 대책 마련

국민 생각

- 중국 동부에 밀집된 쓰레기 소각장에서 배출되는 오염물질에 대한 감시를 강화하는 등 중국발 장거리 오염 이동물질의 생성원인과 배출량을 명확히 규명하고, 근본적인 차단 방안이 필요함

  * 일본은 2005년부터 자발적 관측 선박을 이용하여 아시아 및 오세아니아 지역의 추적 가스 장기 모니터링으로 대기오염물질 생성원인과 이동경로를 과학적으로 규명

바른 약속

선박과 항공기를 이용한 장거리이동오염물질 감시체계 구축

- 선박에 대기오염물질 측정시스템을 구축하여 주요 항해 노선의 대기오염물질 이동경로와 화학적 조성 및 크기별 분포를 분석·측정

- 위성과 항공기의 관측을 통해 오염물질 이동경로와 성분 생성과정 등을 실시간으로 분석

중국 동부에 밀집된 쓰레기 소각장, 석탄발전소 등 중국발 미세먼지 발생원 감시 체계 구축

국내 미세먼지 감축을 위한
제도 개선

국민 생각

- 현재 우리나라는 사업장 굴뚝 TMS(=굴뚝원격감시체계) 정보 공개를 연 1회, 한정된 사업장 중심으로 시행하고 있어 전 사업장에 대한 감시가 불가능함. 또한, 1급 발암물질인 초미세먼지의 발생원인 경유차가 전체 차량의 43%에 달하는 등 미흡한 미세먼지 정책의 개선이 필요함

바른 약속

사업장 굴뚝 TMS 정보 연중 실시간 공개
- 한국환경공단에서 운영하는 TMS 운영방식 개선
- 사업장 굴뚝 TMS 설치 범위를 시군구로 세분화
- 굴뚝 TMS 배출부과금 지자체 귀속

자동차 미세먼지프리 마일리지 시행
- (주행거리 감축) 감축실적에 따라 인센티브 차등 지급
- (친환경운전) 과속, 공회전 금지 등 친환경운전 점수에 따라 인센티브 차등 지급
- 고농도 비상저감조치 참여 시 마일리지 두 배 지급

<소중한 자원·똑똑한 에너지>가
바른미래

- 최저가격보장제로 폐지수거 어르신 보호
- 공공기관 의무구매로 재활용 활성화
- 청정 에너지·에너지 복지 시대를 여는 에너지 분권 실현

최저가격보장제로
폐지수거 어르신 보호

국민 생각

- 중국의 재활용 폐기물 수입금지 등으로 폐지가격이 kg당 30원으로 급락하여 폐지수거 어르신들의 생계가 막막한 실정임

바른 약속

폐지수거 최저가격 보장

- 폐지 수거 최저가격 보장제 실시(폐지수거 어르신 대상)
- 생산자책임재활용제도(EPR) 분담금 인상 및 지자체도 분담금 지급대상에 포함

공공기관 의무구매로
재활용 활성화

국민 생각

- 재활용품에 대한 중국의 수입금지로 국내산 재활용품의 수거 거부 사태 발생. 또한 국내 재활용산업은 판로가 없어 수익을 내기 어려운 실정임

바른 약속

- 재활용품 수입기준 강화
- 재활용품 공공기관 우선 구매 및 구매량 법제화
- 조달청 우수조달품목에 환경표지 및 GR 제품 인증, 공동 판매
- 고형연료의 고품질화 유도 및 소비처 확대
- 고물상을 순환자원수집소로 양성화

청정 에너지·에너지 복지 시대를 여는 에너지 분권 실현!

국민 생각

- 현재 중앙 집중형 에너지 공급은 송전선로, 미세먼지, 온실가스 등 환경문제와 사회적 갈등 유발의 원인이 되고 있어 분산형 에너지 생산과 에너지 자립을 위한 기반 마련이 필요함

  * 유럽의 경우, 바이오에너지마을(독일 3,677개, 스웨덴 159개, 덴마크 147개 등)을 조성하여 전력·열공급·수송연료로 사용함으로써 에너지 자립 및 소득 창출 효과를 보고 있음

바른 약속

청정에너지 조례 제정 및 에너지 복지 확대

- 지자체별 청정에너지 조례 제정과 기본계획 수립
- 지역에너지 생산을 위한 주민 참여와 이익 공유 시스템 마련
- 에너지 빈곤층에 대한 실태조사와 에너지 복지의 확대

바이오 에너지 마을 조성으로 에너지 자립과 소득 창출을 한 번에!

- 바이오 에너지센터 설치(통합추진체계)
- 바이오·폐기물 에너지 REC(신재생에너지인증서) 가중치 인상
- R&D 확대 및 민간투자(RTO) 허용

제7회 전국동시지방선거
바른미래당 정책공약집

생활비 부담은 낮추고
삶의 품격은 높이고

4

<생활비 절감, 삶의 질 향상>이
바른미래

- 영화 관람료·음원 사용료 소득공제
- 통신비 부담은 낮추고, 통신 복지 혜택은 늘리고
- 알뜰&여유 결혼식을 위한 공공기관 개방
- 흡연 NO! 질병 NO! 금연 실천하면 건강보험료 반값으로!
- 공공도서관 밤 10시까지 개관, 퇴근 후에도 편하게 이용
- 반려동물 관리체계 선진화를 통한 보호·동물 복지 강화

영화관람료와 음원사용료까지
소득공제 받으세요

국민 생각

- 현행법은 총급여가 7천만원 이하인 근로자의 경우 연 100만원 한도 내에서 지출한 도서구입 및 공연관람비의 30%를 공제하고 있으나 영화관람료 및 음원(음반) 사용료는 제외되고 있음. 영화관람료 및 음원(음반) 사용료 인상으로 인해 문화 소비가 위축되지 않도록 대책이 필요함

바른 약속

영화관람료·음원(음반) 사용료 소득공제

- 총급여가 7천만원 이하인 근로자가 지출한 영화관람료 및 음원(음반) 사용료를 연 100만원 한도 내에서 30% 공제

통신비 부담은 낮추고,
통신 복지 혜택은 늘리고

국민 생각

• 우리나라 가구당 월평균 통신비는 141,700원(2016년 3분기)으로 OECD 국가 중 최고 수준이고, 고착화된 통신시장의 독과점 구조와 데이터 이용량 증가로 통신비 부담은 계속 높아지고 있음

바른 약속

온 국민 통신비 부담 완화

• 데이터 프리 시대 개막(데이터 용량을 소진한 뒤에도 속도 제어형 기본 데이터 무한 제공)

• 통신시장 경쟁 촉진(제4이동통신 사업자 진출 지원)

• 통신비 저렴한 알뜰폰 활성화 지원

• 제로레이팅 활성화

• 중고폰 활성화를 위한 '중고폰 유통 활성화 진흥센터' 설립 추진

• 소비자 편익을 위한 '단계적 단말기 자급제' 시행

• 단말기 할부수수료 인하·면제 추진

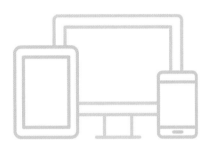

바른 약속

온 국민 통신 복지 향상

- 65세 이상 기초연금수급 어르신과 차상위 계층에 통신비 바우처 지급(전용요금제 신설)
- 저소득층, 장애인, 청소년, 취업준비생의 데이터 이용 기본권 보장 (예 : 3G-300MB, 4G-600MB 무료 제공)
- 청소년 및 60세 이상 어르신 통신비 연체자 구제
- 공해로 전락한 공공 와이파이 보안 강화 및 속도 고도화(100Mbps급)
- 도시와 도서산간, 농어촌 지역간 차별없는 데이터 제공 (지역별 유휴 방송용 주파수대역(TV White Space)을 활용, 원거리 데이터 서비스 전면 실시)

알뜰&여유 결혼식을 위한
공공기관 개방

국민 생각

- 고비용 결혼풍토는 청년들에게 큰 부담이므로, 공공기관 개방을 통한 '합리적 결혼식 모델'의 개발과 확산이 필요한 시점

  * 한국소비자원 조사 결과, 1인당 결혼식 평균비용이 1,240만원이며, 전체 응답자의 85%가 '결혼의 호화사치 풍조'가 있음을 인정하고, 전체 응답자의 77.3%가 공공기관 개방을 통한 결혼식 문화 활성화에 긍정적으로 생각한다고 응답

바른 약속

알뜰하고 여유로운 결혼식을 위한 공공기관 개방 및 각종 지원

- 공공기관 및 국·공립대학교를 개방하고 기업의 사회적 공헌을 유도하여 주말 결혼식장으로 활용
- 결혼사진 및 뷔페 등 하객대접은 사회적 기업과 협약체결로 상생
- 주례, 사회, 축가 등은 재능기부 Pool 구축, 지원
- 보건소를 중심으로 예비부부 건강검진 서비스 및 가정지원센터와 연계한 예비부부 교육 지원

흡연 NO! 질병 NO!
금연 실천하면 건강보험료 반값으로!

국민 생각

- 국민건강보험공단은 흡연자의 금연 지원을 위해 '금연치료지원사업'을 시행하고 있음. 하지만 프로그램 참여자는 전체 흡연자 887만명 중 2.6%(22만8천명)에 불과하여 매우 저조한 실정

바른 약속

금연 실천하면 건강보험료 50% 할인

- 금연치료지원사업 프로그램을 완수하는 경우, 금연을 성공한 그 다음 달부터 1년 동안 건강보험료 50% 할인

  * 재원은 100% 담뱃세로 조성된 국민건강증진기금으로 활용함. 이 제도는 담뱃세를 금연 사업에 활용하고, 흡연자의 건강은 물론 간접흡연 피해를 보는 온 가족의 건강도 함께 지킬 수 있다는 의의가 있음

공공도서관 밤 10시까지 개관,
퇴근 후에도 편하게 이용

국민 생각

- 오후 6시까지 운영하는 공공도서관의 경우 직장인들의 근무시간과 겹치기 때문에 접근성이 떨어지고 있으며, 지역민의 다양한 문화체험과 연대의 장소로서 역할을 강화할 필요가 있음

바른 약속

공공도서관 개관시간 연장

- 직장인들도 이용할 수 있도록 개관시간을 최소 오후 10시까지 확대

공공도서관 문화행사 활성화

- 문화행사비 지원으로 문화프로그램 운영 활성화

반려동물 관리체계 선진화를 통한 보호·동물 복지 강화

국민 생각

- 반려동물과 함께하는 인구가 1,000만 명을 넘어서고 있으나 버려지는 반려동물이 10만을 넘어서는 등 체계적 관리시스템 구축 필요

바른 약속

반려동물 관리체계 선진화 및 동물 복지 강화

- '반려동물 이력제(출생·소유자·병력 등의 이력 칩을 내장)'의 단계적 도입
- 이력제와 연계하여 저소득층의 민간 반려동물보험료(펫 보험) 일부 지원
- 영양제, 사료 등 문제 있는 동물용 먹이에 대한 '리콜' 규정 마련
- 「반려동물 보호 및 관리에 관한 특별법」 제정
  - 사람과 생활하는 반려동물을 일반 동물(가축)과 구분, 이력 등 관리·복지 강화
- 동물학대 예방 강화 및 동물보호센터 등 유기동물보호소 확충

<주거 복지>가
바른미래

- 저소득 청년 1인 가구·신혼부부에 주거비 지원
- 청년 신혼부부에게 친육아주택을! 전국 지자체에 친육아주택인증제도 도입
- 주거 빈곤 고령가구에 주거 바우처·광열비 보조
- 고령자용 실버주택·실버시설 확충 및 수리비 지원 확대
- 지방자치단체별 장기공공임대 공급 할당제 실시
- 지방자치단체의 공공분양 확대·후분양제 활성화
- 공동주택관리 선진화로 아파트 내구성 강화

저소득 청년 1인 가구·신혼부부에 주거비 지원

국민 생각

- 불안정한 일자리, 높은 전·월세 부담으로 청년들은 독립을 포기하거나, 저렴한 방을 찾아 원룸촌과 지·옥·고(반지하·옥탑방·고시원)를 떠돌고 있음
- 비싼 전·월세 부담으로 인해 청년들은 학업, 취업, 창업에 매진하기 어렵고, 결혼과 출산도 미루고 있어, 개인과 나라의 미래가 어두움

바른 약속

저소득 청년·신혼부부 가구에 주거비 지원

- 지자체별 재정상황에 맞게 지원 대상 선정
- 월평균 10만원의 주거안정자금 5년 한시 제공 (주거급여 수급자 제외)
- 저소득 청년·신혼부부 가구의 전세보증금반환보증보험료 지원
- 저소득 미혼 청년자녀의 월세지출 세액공제 대상 부모로 확대

지방자치단체의 대학생 행복기숙사 확충 노력에 인센티브 제공

청년 신혼부부에게 친육아주택을!
전국 지자체에 친육아주택인증제도 도입

국민 생각

- 청년의 혼인과 신혼부부의 출산 급감으로 인구절벽 위기에 직면해 있음. 청년 세대가 주거문제로 결혼·출산을 미루거나 포기하지 않도록 육아친화형 주거환경 확보가 절실함

바른 약속

전국 지방자치단체에 친육아주택인증제도 도입

- 출산과 양육에 필요한 주택의 품질과 넓이 기준 마련
- 전국 공공·민간주택(단지)에 친육아시설 설치 기준 마련
- 친육아주택 확충 제도화를 위한 친육아주택인증제 입법과 조례 제정
- 조부모와 3세대 동거세대에 공공·민간주택 입주가산점 부여

주거 빈곤 고령가구에
주거 바우처·광열비 보조

국민 생각

- 우리나라는 고령인구(65세이상) 급증으로 2030년 초고령사회 진입을 앞두고 있음. 고령가구가 급증하고 노인주거빈곤이 심각해 특단의 대책이 필요함
  - 고령가구 : 2016년 387만 가구(전체 20.1%) → 2030년 734만 가구(33.9%)
  - 2016년 고령자임차가구 주거비 부담(RIR) : 32.6%

바른 약속

주거 빈곤 차상위 고령자가구에 주거 바우처(월세) 보조 확대

- 차상위 또는 중위소득 60% 이하 65세 이상 무주택 고령자가구를 대상으로 월평균 10만원 수준으로 인상 (주거급여 수급자 제외)

임대료 과부담(RIR 30%이상) 고령가구에 전기료·가스비 지원 추진

- 현행 주거급여는 임대료만 지원하여 실질주거비에 태부족

주택연금 우대범위 확대로 주택연금 수령액 증액

- '우대형 주택연금' 가입범위 1.5억원이하 → 3억원이하로 완화

고령자용 실버주택·실버시설 확충 및 수리비 지원 확대

국민 생각

- 고령가구(65세 이상)는 급증하고 있으나 실버주택·실버시설은 태부족이고, 고령자 빈곤층의 집수리 지원은 기초수급자로 제한되어 있어 확대가 필요함

바른 약속

다양한 공공실버주택·실버공동주택·의료복지복합시설 공급 확대
- 독립임대주택, 셰어하우스, 간병·복지복합시설 등 확충
- 경로당·마을회관을 '독거노인공동생활가정'으로 개조 지원

유료민간실버주택 확충과 공공성 강화 위해 공공리츠의 투자 추진
- 주택도시기금·LH가 출자한 공공리츠의 공공실버타운(유료실버주택) 투자
- 민간실버복지주택 확충과 100% 민간 운영의 공공성 부족 개선

신규 외 기존 영구임대주택단지에도 무장애 고령자지원시설 확충

고령자 빈곤층 주거환경 개선 지원 확대
- 기초수급자 외 차상위 고령가구주까지 자가수리비 지원 확대
- 공공임대주택 노후시설 개선 보조금의 상시화 추진

지방자치단체별 장기공공임대 공급 할당제 실시

국민 생각

- 최근 전세가격 상승과 월세 확대 등으로 세입자 주거비부담 심화
  - 2016년 5분위 이하 저소득 임차가구 중 주거비부담(RIR) 30%이상 가구 32.8%
- 임차가구는 증가(2006년 715만 → 2016년 826만)했으나, 장기공공임대 부족
  - 장기공공임대 재고 및 비율 : (2003) 30.4만호/2.4% → (2016) 126만호/6.3%
  - OECD(평균 8%) 및 유럽 주요국(15% 이상 다수)에 비해 재고율 부족

바른 약속

전국 지방자치단체별 장기공공임대주택 공급 할당제 실시

- 지방자치단체별 공공임대·사회임대주택 공급 기준 마련
- 공공임대·사회임대 공급성과에 따라 보조금 등 인센티브 차등 지원

시도별 토지임대부 반값임대주택 공급 확대

지방자치단체의 공공분양 확대·
후분양제 활성화

국민 생각

- 지난 10년간 주택 재고량 368만호 증가, 주택 매매가격은 24.9% 상승
  - 2016년 연소득 대비 주택가격(PIR)은 5.6배(전국), 저소득층은 9.8배
- 정부는 과열지구 확대, 청약규제·재건축규제 강화, 특별사법경찰 신설 등을 하였으나, 투기 억제와 집값 급등을 막기엔 한계

바른 약속

지자체별로 공공분양주택 공급 확대

지방자치단체 공급 분양아파트에 후분양제 및 청약예약제 실시

- 서울시는 2007년부터 SH공사 분양아파트를 후분양으로 공급

공동주택관리 선진화로 아파트 내구성 강화

국민 생각

- 아파트 등 공동주택 비중이 우리나라 전체 주택의 75%에 달하고 있어 관리의 중요성이 커지고 있음. 공동주택관리의 투명화·효율화·선진화로 아파트 수명을 연장시키고 입주민 삶의 질 향상이 필요함

바른 약속

지자체별로 노후공동주택 내진 설계, 소방 안전 등 실태조사 및 주거환경개선 지원

지자체별로 장기우량공동주택인증제 도입

- 내진·단열·에너지효율·내구성 등 주택성능표시
- 하자 수선 등 주택관리이력정보 표시

장기수선충당금 최소 적립기준 마련 및 권장제도 실시

아파트 동대표 중임 확대 및 관리직원의 고용안정성 확보

제7회 전국동시지방선거
바른미래당 정책공약집

바른 나라를 이끄는 교육
밝은 미래를 여는 교육

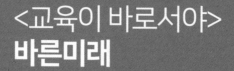

<교육이 바로서야>
바른미래

- 정권 바뀔 때마다 흔들리는 교육정책 NO!
  '학생·학부모 교육정책 참여위원회' 및 '국가교육위원회' 설치
- 초등돌봄 및 방과후수업 지원 강화로 사교육비 부담 경감
- 고교무상교육 및 중·고교 무상교복 실시
- 공교육 문화예술향유와 교육 프로그램 확대
- 학교 중심 보안인력 관리 시스템 구축으로 학교 보안 강화
- 마을변호사 학교폭력대책자치위원회 참여제도 실시
- 일자리 만들고 새로운 직업 찾아가는 고교–대학 연계 창업·창직교육
- 4차 산업혁명 시대 직업역량 강화를 위한 생애단계 평생직업교육 지원

정권 바뀔 때마다 흔들리는 교육정책 NO!

'학생·학부모 교육정책 참여위원회' 및 '국가교육위원회' 설치

국민 생각

- 학부모는 학생 교육에 중추적인 역할을 하고 있으나 교육정책 수립과정에 학부모 권리 행사 방안이 미비해 공교육 불신과 사교육 의존도가 심화되고 있으며 대한민국 정부수립 후 12명의 대통령이 바뀌는 동안 대입 제도는 14번 변경되는 등 정권마다 정책이 오락가락해 학생, 학부모들의 불안과 불만이 쌓임

바른 약속

주민 참여 백년지대계 교육정책 수립

- '학생·학부모 교육정책 참여위원회' 설치를 통해 지자체 교육정책을 주민이 직접 점검하고 검토의견 제시
- 한부모가정, 다문화가정, 맞벌이가정 등 다양한 학부모 집단의 목소리 청취
- 교육 관련 문제 중재·해결하는 '학부모 교육민원 중재-조정-해결센터' 설치

국가교육위원회 설치

- 교육 이해관계자가 참여하여 정권에 영향을 받지 않는 독립적인 중·장기 교육개혁을 추진하고 교육 기획 기능을 수행하는 '국가교육위원회' 설치

초등돌봄 및 방과후수업 지원 강화로 사교육비 부담 경감

국민 생각

• 초등학생 방과후 돌봄이 절실한 상황에서 정부는 돌봄교실을 늘리겠다고는 하지만 여전히 수용 인원에 한계가 있고 학부모들은 양적인 확대뿐 아니라, 양질의 학습이 제공되는 방과후 돌봄을 희망하고 있음. 공교육의 방과후 돌봄 및 학습 지원 부족은 학부모 사교육비 부담으로 이어짐

바른 약속

방과후 학교 체제 개편

• 정규수업 후 놀이와 교육을 접목한 예체능, 코딩, 논술·토론, 회화 중심 외국어, 창의과학 수업 등 다양한 프로그램을 제공해 돌봄 및 학습 기능을 높이고 사교육비 부담 경감, 하교시간 연장 기능 강화

• 교사 업무 경감 및 교육의 질 강화를 위해 교사, 강사, 돌봄전담사 인력 지원

지역별 맞춤형 돌봄체계 구축

• 지자체 중심의 돌봄체계를 구축하여 주민센터 돌봄교실 등을 활성화하고, 지역아동센터 지원을 강화하여 맞벌이 가정 자녀들을 부모의 퇴근시간까지 안전하게 보호

고교 무상교육 및 중·고교 무상교복 실시

국민 생각

- 우리나라 중학교 졸업생 99.7%가 고등학교에 진학하고 있으나 아직 고등학교 교육은 의무교육이 아니며 OECD 회원국 중 우리나라만 유일하게 고교 무상교육을 실시하지 않고 있어 학부모 교육비 부담이 되고 있음

바른 약속

고교 무상교육, 중·고교 무상교복 실현

- 의무교육 기간을 고등학교까지 확대해 수업료, 등록금 등 무상 지원
- 중·고교 무상교복 실현
- 지방교육재정교부금 교부율 상향 조정

공교육 문화예술향유와
교육 프로그램 확대

국민 생각

- 4차 산업혁명 시대를 맞아 감수성, 창의력, 체험 등을 중심으로 한 문화예술교육 프로그램 확대 요구가 높아지고 있고 학생들의 만족도도 높으나, 예산 및 행정 지원이 부족한 상황임

바른 약속

체계적 문화예술교육 프로그램 개발

- 초·중·고 문화예술교육을 위한 커리큘럼 개발
- 스포츠, 대중문화(영화 만들기, 시나리오 제작, 대중음악 만들기 등), 예술(그림, 성악, 악기, 전통문화 등) 등 1인 1기 교육을 위한 프로그램 개설

찾아가는 문화 공연 추진

- 오케스트라 공연, 그림 및 사진 전시행사 등 학교 투어 프로그램 마련

학교 보안안전 UP!
학교 중심 보안인력 관리 시스템 구축

국민 생각

- 현재 학교보안인력 배치가 부실하고 업무도 안전과 무관한 잡무가 많아 학교보안안전이 전문적으로 이루어지지 않고 있으며 학생보호인력 운영·관리 주체도 분산되어 있어 지속적인 안전 관리가 미흡하고, 인력 운영이 비효율적임

바른 약속

학교 중심의 보안인력 관리 시스템 구축을 위한 인력풀 운영

- 학교가 보안인력을 채용해 학교 안전에 즉각 대처할 수 있도록 지자체가 학교 보안 인력풀 구축
- 지자체와 교육청의 학교 보안 인력에 대한 확실한 신원 관리 및 전력 일괄 조회

마을변호사 학교폭력대책자치위원회 참여제도 실시

국민 생각

- 학교폭력대책자치위원회 전문위원 비율이 전체 위원의 15.5%에 불과하고 그 중 법조인은 1.6%에 그쳐, 위원회의 전문성, 공정성, 신뢰도가 낮은 실정이며 학교폭력 피해학생, 가해학생 양측 모두 위원회 처분을 신뢰하지 못하고 의결에 불복해 교육청 등에 재심청구가 급증하고 있음

바른 약속

전국 학교폭력대책자치위원회 구역별 마을변호사 매칭 제도 실시

- 마을변호사 확대, 학교폭력대책자치위원회 전문위원 위촉
- 학교폭력대책자치위원회 참여 변호사 제도 실시, 변호사 학폭위 전문위원 참여 위한 업무 협약 체결

일자리 만들고 새로운 직업 찾아가는 고교-대학 연계 창업·창직교육

국민 생각

- 4차 산업혁명 시대가 도래했으나 이에 맞는 새로운 직업, 직종 및 창업 등의 정보를 알려주고 교육하는 체계적 시스템이 미흡하고 창업교육전문가 역시 부족해 양질의 창업·창직교육이 난항을 겪고 있음. 4차 산업혁명에 맞는 일자리를 만드는 창업·창직교육 강화가 필요함

바른 약속

고교-대학 연계 창업·창직 교육 및 정보교류 사업 실시

- 지역 고교생 및 대학생 창업·창직 교육, 정보, 아이디어, 보고서 등 교류 통해 시너지 효과 극대화
  - 전국 고교 & 직업고교 학생, 대학생 창업·창직 교육 및 정보교류
  - 지자체, 대학 창업교육센터 연계 사업

대학 평생교육원, 특수대학원 과정을 통한 창업교육전문가 양성

- 4차 산업혁명시대 선도 전문가들과 성공 창업가들로 교수진을 구성해 실전에 강한 창업교육전문가 육성

4차 산업혁명 시대 직업역량 강화를 위한 생애단계 평생직업교육 지원

국민 생각

- 4차 산업혁명과 저출산·고령화 시대 도래로, 직장과 직업의 패러다임이 전환되고 '평생직업교육'의 중요성도 커지고 있음. 이에 따른 직업역량 강화와 성인학습자, 은퇴 후 삶을 준비할 수 있는 직업교육제도가 필요함

바른 약속

'지자체-대학-산업체' 연계 시민직업대학 운영

- 직업 기초능력 함양 및 현장 직무, 실무교육, 신기술 교육 프로그램 운영
- 과정 수료 후 산업체 취업연계

취업준비 EBS 강의 무료 수강 바우처 제공

- 지자체, 자치구 저소득 주민 대상 자격증, 어학 등 취업 준비 EBS 강의 무료 수강 바우처 제공

은퇴자 인생이모작 직업교육 및 은퇴준비 1:1 멘토링 프로그램 운영

- 은퇴자 제2의 삶을 위한 재취업 정보 및 교육비 지원, 진로상담 등 원스탑 정보 사이트 운영, 은퇴준비 전문가 1:1 무료 멘토링 지원

어르신 인턴십 및 재취업, 창업교육 프로그램 운영

- 지자체, 자치구 거주 60세 이상 어르신 대상 자치구 내 산업체와 연계 운영

제7회 전국동시지방선거
바른미래당 정책공약집

일상이 안전한
걱정 없는 안심 미래

<#Me too, #With you>가
바른미래

- 권력형 성범죄 처벌 강화! 성폭력범죄 피해자 보호 강화

권력형 성범죄 처벌 강화!
성폭력범죄 피해자 보호 강화!

국민 생각

- 미투운동으로 인해 우리 사회 권력형 성폭력사건의 경우, 쉽게 은폐되고 처벌이 어려우며 오히려 피해자가 명예훼손으로 처벌될 수 있다는 부조리함이 드러남

바른 약속

성폭력범죄 공소시효·소멸시효 제도 개선 및 형량 강화

- 업무상 위력 등에 의한 추행죄 공소시효 연장, 업무상 위력에 의한 간음·추행죄 형량 강화. 또한 민사상 손해배상청구권 소멸시효 연장 및 업무·고용관계 유지 기간 동안 업무상 위력 등에 의한 간음·추행죄의 소멸시효 정지

비동의 간음죄 신설 및 사실적시 명예훼손죄 개정으로 피해자 보호 강화

- 현행 강간죄를 구성하는 '폭행 또는 협박'에 이르지 않더라도 명백하게 거부의 의사를 표현한 경우 이를 처벌하며, 명예훼손죄의 개정으로 성범죄의 피해자가 성폭력 사실을 알리는 경우 성범죄 피해자를 보호하는 장치 강화

성폭력피해자 2차 피해 방지 및 조직 내 성희롱 등 피해신고자 보호

- 성폭력피해자에 대한 해고 등 불이익 금지 규정 구체화, 국가기관 등의 성폭력 사건 은폐 혹은 2차 피해 발생 시 여성가족부장관에게 징계 요청권 부여, 조직 내 성희롱 피해신고자 보호 규정 마련

<국민을 지키는 확실한 안전>이
바른미래

- 재난약자를 위한 사회안전망 구축
- 아파트 등 집단 거주시설 야외 대피 공간 설치 의무화
- 지역별, 재난 유형별 맞춤형 안전교육 강화
- 가정폭력 가해자 즉각 분리 및 피해자 보호시설 확대
- 1인 가구 밀집지역 등 범죄예방 강화
- 폭력피해 이주여성 및 자녀 보호 지원 강화

재난약자를 위한
사회안전망 구축

국민 생각

- 재난약자*가 재난 시 신속한 대피와 최적의 대응을 할 수 있도록 사회안전망 구축이 절실함
  * 재난약자 : 장애인, 임산부, 영·유아, 노인, 요양병원 환자 등
  * 포항 요양원 화재('10년, 사망 10명, 부상 17명) / 장성 요양원 화재('14년, 사망 21명) / 밀양 세종병원 화재('18년, 사망 46명, 부상 141명)

바른 약속

재난약자를 위한 피난시설 설치 및 재난안전도우미 양성

- 재난약자가 거주하는 건물은 건물마다 경사로 설치 및 단일층 또는 건물의 1·2층에 피난시설 설치
- 재난안전도우미*를 양성, 사회복지시설이나 요양병원 등 재난약자가 거주하는 시설에 배치
  * 퇴직 소방공무원이나 일정 교육을 수료한 사회복지사를 활용, 재난 시 피난도우미 역할

아파트 등 집단 거주시설 어디든지 안전하도록
야외 대피 공간 설치 의무화

국민 생각

- 사람이 밀집해 있는 건물(아파트, 복합건축물 등)은 재난 시 누가 사상을 입었는지 확인이 어려워 신속한 인명구조에 한계가 있음
  - 민방위 대피시설이 있지만, 건물의 지하층이나 지역별로 설치되어 있어 화재 및 지진에 의한 붕괴 등 재난 시에는 피난장소로 적합하지 않음

바른 약속

아파트 등 집단 거주시설의 야외 대피 공간 설치 의무화

- 재난현장의 혼란 최소화 및 신속·정확한 인명구조로 국민 피해를 최소화하고, 소방훈련 시 대피장소로 모일 수 있는 훈련 병행

지역별, 재난 유형별
맞춤형 안전교육 강화

국민 생각

- 앞으로 신축될 안전체험관의 대부분은 큰 규모의 체험관이나, 지역별 특수한 상황을 대비한 재난안전 체험에는 부족한 상황이며, 재난과 관련한 체험 및 실습 위주의 교육 역시 취약한 실정임

바른 약속

맞춤형 안전체험관 신설을 통한 안전교육 강화

- 지역별, 재난 유형별 특성에 맞는 안전체험관을 통해 안전교육 강화
  - 경주나 포항 등을 중심으로 지진안전체험관, 울진·울산·영광 등 원전 지역을 중심으로 한 원전안전체험관, 대규모 산업단지를 중심으로 한 특수재난안전체험관 등을 신축
- 소방관서의 이동체험차량 확대 보급으로 상시 안전교육체계 확립

가정폭력 가해자 즉각 분리 및 피해자 보호시설 확대

국민 생각

- 가정폭력으로 현장에 출동한 경찰은 재발 우려가 있는 경우 직권 또는 피해자 신청으로 긴급하게 가해자를 격리하거나 접근 금지 등 긴급임시조치를 취할 수 있으나 실효성 있는 제재 수단이 없어 가해자의 즉각적인 분리가 어려움

- 전국 67개 가정폭력 피해자 보호시설 중 47개소는 열 살 아들이 엄마와 같이 입소할 수 없는 등 피해자 보호에 한계가 있음

바른 약속

즉각적 분리를 위한 유치장 유치 제도 도입

- 가정폭력이 재발될 우려가 있는 긴급 상황에서 가해자의 퇴거나 피해자에 대한 접근금지 등 경찰이 취한 긴급임시조치를 가해자가 위반하는 경우 가해자를 유치장에 유치하는 등의 제재를 가할 수 있도록 함

피해자 보호시설 확대 및 모니터링 자원 확보

- 10세 이상 남아의 동반 입소 및 야간 시간대 쉼터 이용 확대

- 경찰이 철수한 신고 가구 및 응급조치·긴급임시조치·임시조치 등이 취해진 가구 등 지속적인 모니터링으로 폭력행위 재발 방지

1인 가구 밀집지역 등 범죄예방 강화

국민 생각

- 형사정책연구원 연구에 따르면 1인 가구 밀집지역의 범죄발생률이 비밀집지역에 비해 2~3배 높게 나타남. 1인 가구, 여성 등의 범죄 불안감을 해소하기 위한 범죄예방 대책이 필요함

바른 약속

지역사회 안전 파트너십 구성

- 지자체와 각 지역 내 경찰, 소방당국, 보호관찰소 등과 연계해 '지역사회 안전 파트너십'을 구성하고 정보를 공유하여 범죄예방 전략 도출

데이터 이용·민간과의 협력을 통한 과학적 범죄예방 강화

- 범죄 통계를 이용하여 여성안심구역 등 범죄예방강화구역을 선정하고 가로등, CCTV 우선 설치와 함께 순찰 강화 추진
- 주민이 순찰을 희망하는 장소를 수렴, 순찰계획에 반영하는 '탄력순찰제' 강화
- 민간 보안업체와의 MOU 체결로 정보공유 등 협력 강화

폭력피해 이주여성 및 자녀 보호 지원 강화

국민 생각

- 다문화가족 내의 가정폭력·성폭력 등으로 피해를 입는 이주여성이 증가하고 있고, 그 자녀들은 가정폭력뿐 아니라 학교폭력 위험에도 노출돼 있어 이주여성 및 그 자녀에 대한 보호와 지원을 강화할 필요가 있음

바른 약속

이주여성과 자녀에 대한 보호 및 지원 확대

- 가정폭력과 성폭력 등 이주여성 피해에 대한 상담소를 일원화하여 지원체계 강화
- 의사소통이 어려운 가정폭력 피해 이주여성에 통역 및 법률 지원 등으로 피해 구제 및 보호 강화
- 학교 폭력으로부터 다문화가족 자녀의 보호 및 지원 확대
- 이주여성 및 자녀의 교육·문화 지원 강화로 안정적인 정착 도모

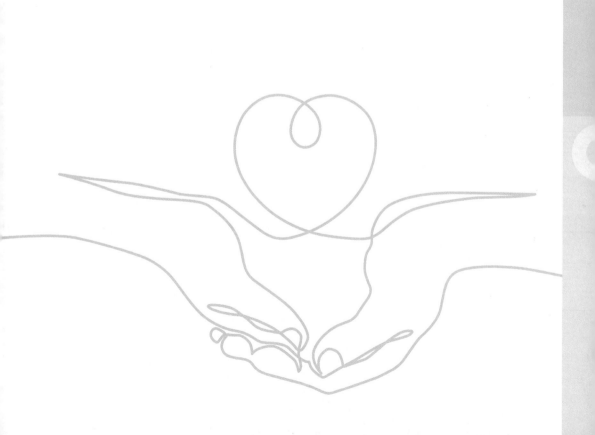

제7회 전국동시지방선거
바른미래당 정책공약집

공동체가 살아있는 **따뜻한 나라**
함께 가는 **하나된 미래**

<편안한 노후, 행복한 어르신>이
바른미래

- 효도전용통장으로 연말정산 소득공제 도입
- 어르신 개인 간병비 Zero!
- IoT 기술 기반의 미래형 어르신돌봄서비스 체계, '안심안부 서비스' 도입
- 스마트한 어르신 지킴이, '안심생활 지킴이 키트' 도입
- '떴다방'의 악덕 상술로부터 어르신 보호
- 어르신을 위한 문화 일자리 확대

효도전용통장으로
연말정산 소득공제 도입

국민 생각

- 2017년 기준 통계청 조사결과, 은퇴가구 중 62.3%가 생활비 부족에 시달리고 있고, 이 가운데 약 30%가 자녀 등의 용돈으로 생활비를 마련하고 있음
- 자녀가 부모에게 지원하는 용돈은 부모가 최소한의 생계와 노후 생활을 영위할 수 있도록 하는 중요한 근간이며, 어르신의 생활에 보탬이 된다는 측면에서 장려할 필요 있음

바른 약속

효도전용통장으로 연말정산 소득공제 혜택 부여

- 효도전용통장을 만들어 자녀가 부모님께 드리는 용돈에 대한 소득공제가 가능하도록 함
- 「소득세법」 개정

어르신
개인 간병비 Zero!

국민 생각

- 정부는 간호·간병통합서비스 사업을 통해 간병인을 두거나 보호자가 환자를 돌보지 않고도 입원생활을 편하게 유지할 수 있도록 제도 개선을 추진 중이나, 요양병원 등은 사업대상에서 제외되고 있고 지방의 경우, 간호인력 확보가 어려운 실정임

바른 약속

간호·간병 인력이 부족한 지역 공공병원의 간병비를 한시적으로 무료화

- 중앙정부의 재정지원으로 저소득 중장년층의 부모 간병비 부담을 경감하고 가족간병으로 경제활동에 참가할 수 없어 간병과 빈곤의 이중고에 시달리는 50대 가정을 지원

IoT 기술 기반의 미래형 어르신돌봄서비스 체계, '안심안부 서비스' 도입

국민 생각

- '17년 고령자 통계 결과, 1인 가구를 연령별로 보면 65~69세 고령자의 비중은 줄어드는 반면, 80세 이상의 고령자는 증가하고 있음. 독거 어르신의 경우, 낙상, 고독사 등 위기 상황에 노출된 정도가 높아 관심과 지원이 필요함

바른 약속

IoT 기술을 기반으로 한 미래형 어르신돌봄서비스 체계 마련

- 독거어르신 가정에 기기 설치, DB관리자(돌봄센터) 모니터링 및 생활관리자가 소지한 휴대폰으로 실시간 확인, 119연계 및 긴급조치
- 빅데이터(활동여부, 한파·폭염, 화재·가스안전 감지) 활용, 가정 내 어르신의 실시간 안전 확인
  * 제공서비스 : 활동감시레이더(신체움직임) + 실내온도 및 습도 + 화재·가스센서 + 119 응급호출 + 자녀에게 안부알림(문자) 발송

스마트한 어르신 지킴이, '안심생활 지킴이 키트' 도입

국민 생각

- 갑작스런 발병이나 재해 발생 시와 같이, 자택에서 독거 어르신의 건강이 급변할 경우, 응급활동에 필요한 긴급연락처나 주치의 및 의료기관이 적힌 정보를 적시에 취득하여 원활한 구조활동과 생명의 골든타임을 지킬 필요가 있음

바른 약속

스마트한 '안심생활 지킴이 키트' 도입

- 이름, 생년월일, 혈액형 등 응급의료 활동에 필요한 개인정보나 가족, 지역친구 등 긴급 시에 연락할 수 있는 전화번호, 자주 가는 의료기관 등의 정보가 적힌 카드를 플라스틱제 용기에 넣어 자택의 냉장고에 보관하고, 외출 시에도 같은 정보가 기재된 카드를 휴대토록 함

'떴다방'의 악덕 상술로부터 어르신을 보호하겠습니다

국민 생각

- 건강기능식품이나 의료기기가 특정 질병치료에 효능이 있는 것처럼 허위·과대광고를 하거나 홍보관, 무료관광 등 특설판매로 물건 판매시 청약철회 내용 및 판매자 주소가 기재된 계약서를 교부하지 않는 경우가 많음

바른 약속

계약취소권 부여로 고령층 소비자 보호

- 악덕 상술로부터 고령층 소비자 보호를 위해 소비자계약법을 제정하여 계약취소권 부여
- 지자체와 주민센터, 한국소비자원, 식품의약품안전처가 함께 고령층 소비자 지킴이 핫라인 설치 및 단속 강화

어르신을 위한
문화 일자리 확대

국민 생각

- 초고령화 사회로 진입하여 평균수명이 길어진 만큼 어르신이 문화활동을 통해 사회활동에 지속적으로 참여할 수 있도록 장려하는 동시에 부가수익을 창출할 수 있는 정책 사업이 필요한 시점임

바른 약속

문화해설전문강사 육성 및 취업 확대

- 문화해설전문강사(숲생태해설, 동화구연, 클레이아트, 종이접기, 캘리그라피, 독서지도 활동 등) 자격증 취득을 위한 전문 육성 프로그램 확대
- 문화해설전문강사 자격 취득 후 사회보육시설 및 복지시설, 교육기관 등으로 취업 연계

<함께 사는 따뜻한 세상>이
바른미래

- 장애인 주거권 강화
- 장애인 이동권 강화
- 장애인 노동권 강화
- 장애인 가족의 휴식권 보장
- 장애인 생활체육시설 확충
- 장애인 문화예술 참여 지원 확대

장애인의 주거권을 강화하겠습니다

국민 생각

- 장애인가구 주거실태조사(2015)에 따르면 우리나라 장애인의 주거 안정성이 매우 취약한 것으로 나타남. 장애인의 주거권을 보장하기 위해서는 공공임대주택 물량의 대폭적인 확대와 중증장애인 우선 공급이 필요함

바른 약속

공공임대주택 확대

- 공공임대주택 비중을 OECD 국가 수준(8%)으로 확대

장애인 주거지원 확대

- 기존의 장애인 주거지원제도(영구임대주택, 국민임대주택 등의 입주우선권)의 소득인정액 완화, 장애정도 등 입주 요건 완화
- 주거비 보조를 위한 장애인 주택바우처 현실화

장애인 자립생활지원 주택 공급

- 저소득층 장애인가구에 지역 내 임대주택을 우선 공급하고, 지역의 자립생활지원 기관과 연계해 가구원 모두 지원
- 탈시설 장애인에게 지역내 임대주택을 우선 공급하고, 지역의 자립생활지원 기관과 연계해 지원

장애인의 이동권을
강화하겠습니다

국민 생각

• 현재 장애인 특별교통수단은 장시간의 대기시간(평균 46분)에 대한 이용자들의 불만이 팽배한 가운데 장애등급제 개편 이후 이용자 증가로 대기시간이 더욱 길어질 것으로 예상되므로 장애인 이동권 보장을 위한 해결책 마련이 시급함

바른 약속

긴 대기시간(평균 46분)을 해소할 수 있는 특별교통수단 증차

• 장애등급 개편에 따른 장애인 콜택시 확대

저상버스 증차 및 연계 강화

• 저상버스 노선확대 및 연계지역 확대

장애인의 노동권을 강화하겠습니다

국민 생각

- 다양한 장애인 고용 기업 지원제도를 실시하고 있으나, 장애인 특성을 반영한 세분화된 장애인 고용 지원 정책·제도 부족으로 장애인 고용률이 정체되어 있고 기업체의 장애인 고용실태는 여전히 열악함

바른 약속

최저임금 준수 기업에 공공계약 체결 시 우대

- 용역 관련 협상에 의한 계약 및 일반 경쟁입찰 계약시 가점 부여

장애인 특성을 반영한 고용지원 서비스 제공

- 장애유형, 연령, 장애정도 등에 따라 고용정책 대상 세분화 및 맞춤형 고용지원서비스 마련

중증장애인 공공형 일자리 창출

- 장애인단체, 시민단체, 장애인복지관, 사회적 기업 등 비영리민간부분으로 확대
- 중증장애인 고용확대를 위한 전문적인 직업재활서비스 지원 확대

장애인 가족의 휴식권을 보장하겠습니다

국민 생각

- 일부 지자체에서는 일시적으로 가정의 보호를 받을 수 없는 장애인(등록 장애인 대상)을 일정기간 거주하게 하는 장애인단기거주시설의 운영을 지원하고 있으나, 그 외의 장애인 가족들은 재택 아니면 시설의 양자택일을 강요받고 있어 장애인 가족의 다양한 선택권, 휴식권이 보장되지 못하고 있음

바른 약속

장애인 가족의 휴식권 보장

- 시간제 입소, 하루입소, 단기입소 등 다양한 서비스를 제공하여 돌봄에 지친 보호자의 휴식권을 보장
- 요양시설과 연계하여 요양보험의 단기입소시설과 장애인의 단기입소시설을 통합하는 시범사업 실시

장애인 생활체육시설을 확충하겠습니다

국민 생각

- 2016년 장애인 생활체육 참여율은 17.7%로 비장애인 생활체육 참여율인 56%(2015년)에 비하면 현저히 낮은 수치에 머물러 있음. 여가활동 활성화에 필요한 장애인 활동영역 확대와 지역별 인프라 확충으로 평생체육 생활화가 필요함

바른 약속

소규모 체육시설 건립

- 장애인당사자가 지역 내에서 쉽게 접근할 수 있는 소규모 체육시설 건립
- 측정평가실, 체력단련실, 각종 건강증진 프로그램 운영

장애인 문화예술 참여 지원을 늘리겠습니다

국민 생각

- 국가의 장애인 정책은 아직도 의식주 중심의 기본생활 보장만을 주요 기조로 삼으며, 여가생활을 위한 사회적 문화생활 욕구를 제대로 반영하지 못하고 있음. 문화·예술활동 차별금지, 문화소외계층의 문화예술복지 증진 등을 법에서 규정하고 있으나, 장애인 문화권 확보를 위한 실질적인 조치는 미흡함

바른 약속

장애문화예술인 육성 및 창작 지원

- 정부 부처 및 지자체 내 장애인문화예술지원 전담팀 구성
- 지역별 장애예술인 상설 공연 전시장 확보
- 전국 문화예술시설 내 장애인 접근환경 실태조사 및 시설 개보수
- 장애유형과 특성에 따른 문화예술교육프로그램 개발 및 장애인문화예술교육사 양성

제7회 전국동시지방선거
바른미래당 정책공약집

황혼의 농어촌에서
해 뜨는 농어촌으로

<든든한 농어촌>이
바른미래

- 2018년 농업부문 조세감면 일몰기한 연장
- 오지·전통마을 기본 소득지원제 및 월급제로 농어업인 복지 강화
- 농어촌관광 활성화로 농어촌 경제의 활성화 및 자생력 제고
- 쌀 목표가격 상향 조정, 고부가가치화로 안정적인 수급체계 구축
- 농수산물 소비처 및 안전·안심 농식품 공급 확대로 농어업 소득 견인
- 고령농, 여성농 등 특색에 따라 맞춤형 영농지원
- 여성농어업인 복지 향상을 위한 행복바우처 지원 확대
- 중국어선 긴급피난 시 불법조업 근절

2018년 농업부문 조세감면 일몰기한 연장

국민 생각

- 농업부문 주요 조세감면 항목의 일몰기한이 '18년 말로 도래할 예정임. 농축산물 시장 개방 확대로 농업부문의 어려움이 가중되고 있는 상황에서 농업부문에 대한 조세감면 기한이 연장되지 않을 경우, 농촌경제는 더욱 어렵게 될 것임

바른 약속

'18년 말로 감면시한이 도래하는 농업부문 조세지원에 대하여 현행과 동일한 수준으로 감면 연장

- 농·어민 조합 3천만원 이하 예탁금 이자소득 비과세
- 농업·임업·어업용 석유류에 대한 부가가치세 등 면제
- 농·어민 조합원 1천만원 이하 출자금 배당소득 비과세
- 영농조합법인 등에 대한 법인세 면제 등 19건
- 「조세특례제한법」, 「지방세특례제한법」 개정

오지·전통마을 기본 소득지원제 및 월급제로 농어업인 복지 강화

국민 생각

- 농어업·농어촌은 다양한 공익적 가치를 가지고 있으나 고령화, 개방화로 생활 여건은 어려운 상황임. 농어촌다움을 유지하고 소득과 복지증진을 위한 지원 필요

바른 약속

농어촌다움 유지마을 기본소득 지원제도 도입

- 생태환경보전 농어업을 하는 소규모의 오지·전통마을을 대상으로 저소득 농어업인에게 일정한 소득을 지원하여 농어촌다움의 유지를 강화

수확물 담보형 농어업인 월급제 도입

- 농·수협 등이 농어업인의 수확물(수매대금)을 담보로 일정한 범위 내에서 일정액을 월급으로 지급하고, 정부는 농·수협에 이자 비용을 지원

농어업인 연금보험료 지원 확대(기준소득월액금액 : 91만원→105만원)

농어촌관광 활성화로 농어촌 경제의 활성화 및 자생력 제고

국민 생각

- 농어촌은 고령화, 소득감소 등으로 소멸될 위험에 처해 있음. 지금과 같은 보조금 직접지급 확대방식만으로는 농어촌 활력제고에 한계가 있으므로 농어촌경제 활성화를 위한 지원 방식의 패러다임 전환 필요

바른 약속

농어촌민박 등 농어촌관광 활성화

- 농어촌민박·체험마을·관광농원 등과 신규 형태의 농가맛집, 테마마을 등을 포함하는 제도 정비 및 지원 강화
- 「농어촌 민박 등 농어촌관광 활성화 촉진법」 제정

시·군별 '농어촌진흥기금' 설치 지원 및 '고향세' 도입을 통한 자치농정 실현

- 출신 고향 지자체에 일정한도 범위 내에서 기부를 하면 세제감면과 지역특산물 등을 제공하는 고향발전기부금(일명 고향세) 제도 도입

'1시·도 1농어업·관광 융복합형 테마파크' 조성 지원

쌀 목표가격 상향 조정, 고부가가치화로 안정적인 수급체계 구축

국민 생각

- 최근 공급과잉과 소비감소, 쌀 시장격리 정책 등에 따라 가격·수급불안이 여전하고, 식생활 서구화, 1인 가구 증가 등으로 소비감소가 지속되고 있어 다양한 활용 대책이 필요

바른 약속

비용·물가 상승률 등을 반영한 쌀 목표가격 상향 조정

'농지 다원적 기능 직불제' 도입 등 쌀 수급 안정 강화

- 대규모 농가에 대해서는 쌀생산조정제와 변동직불금을 연계하여 실효성을 높이고, 중장기적으로 변동직불금과 통합하여 '농지 다원적 기능 직불제'로 전환

기업 등의 R&D 지원을 통한 쌀 가공품 개발과 원료사용 촉진 강화

농수산물 소비처 및 안전·안심 농식품 공급 확대로
농어업 소득 견인

국민 생각

- 양파·계란 가격 폭락 등으로 농가의 어려움이 가중되고 있어 농수산물의 대량 소비처인 외식·식품기업을 활용하여 농어업 소득을 견인할 필요

바른 약속

'농작물 작황정보 관리 시스템' 및 '농산물 적정소득보장제' 도입

- 주요 농작물을 대상으로 마을단위 작황정보 입력·관리시스템을 구축하고, 자조금 조성 등 일정요건을 갖춘 품목과 농가에 대해서는 적정한 소득 보장

안전·안심 소비여건 조성 등 우수 농수산물(국산) 사용촉진

- 식재료 및 한식산업 진흥을 위한 제도를 정비하고, 외식·식품기업 등을 대상으로 '친농어업기업 인증제' 도입
- HACCP 인증 농식품의 단체급식 사용 확대 및 G/LMO 원료 완전표시제 강화

미래 농어업과 식품산업 성장기반 강화

- 스마트팜·푸드테크 산업의 발전을 저해하는 불합리한 규제·제도를 개선하고, 창업 플랫폼인 '푸드테크 창업 비즈니스센터' 구축 지원

고령농, 여성농 등 특색에 따라 맞춤형 영농지원

국민 생각

- 연령별·품목별로 농가들 간의 소득격차가 확대되면서 상대적으로 취약한 고령영세농, 여성농에 대한 정책 지원 강화 필요성이 증대되고 있고, 농업의 혁신을 주도할 청년농 육성이 농업·농촌의 핵심적인 과제로 대두되고 있음

바른 약속

청년, 고령·영세농, 여성농 등 맞춤형 영농 지원

- (고령·영세농) 고령농 노후 소득 안정 및 맞춤형 복지 서비스 제공 추진
  - 농촌 지역개발사업을 통해 고령자 공동이용시설을 확산하고 의료·문화 서비스 등 접근 기회 제고, 고령·취약농가에 가사서비스를 제공하는 행복나눔이 지원 확대 등 추진
- (여성농) 여성농업인 육성 및 다문화가족 지원 강화
  - 여성친화형 농기계 개발 확대, 시·군 임대농기계 기종 선정 위원에 여성 참여 확대하고, 다문화 여성 한글·생활교육 등을 통한 농촌 정착 지원
- (청년농) 청년농업인 유입·정착을 촉진시킬 수 있는 지원을 강화하고 ICT 융복합 인재의 농업 분야 유인책 마련

여성농어업인 복지 향상을 위한 행복바우처 지원 확대

국민 생각

- 여성농어업인은 과거 농업의 단순 보조자에서 벗어나 농업 경영자로 거듭나고 있지만 현재 시행중인 여성농어업인 행복바우처 제도의 경우, 여성들이 필요로 하는 병원, 약국 등의 의료분야에서는 사용이 안 되는 등 복지제도는 미미한 수준임

바른 약속

여성농어업인 육성을 위해 행복바우처 지원제도 확대 및 개선

- 여성농어업인 행복바우처 지원연령 확대
- 여성농어업인 행복바우처 지원금액 단계적 인상
- 여성농어업인 행복바우처 의료 분야 등 사용처 확대

중국어선 긴급피난 시
불법조업 근절

국민 생각

- 현행 법규상 긴급피난지 규정이 없고, 해양경찰청 내부방침으로 긴급피난해역을 운영함에 따라 중국어선은 어느 지역이나 긴급피난이 가능하여 긴급피난을 빙자한 수산자원 남획 및 자원 조성 성과 강탈 등 불법어업으로 인해 국내 어업인 피해가 심각함
  * 한국수산회 피해규모 추정 : 피해어획량 67.5만톤, 피해액 1조 3천억원

바른 약속

중국어선의 긴급피난을 악용한 수산자원 남획 방지를 위해 관련 규정 강화

- 「수상에서의 수색·구조 등에 관한 법률」 개정
  - 긴급피난 중국어선 관리 강화를 위해 긴급피난해역 지정
  - 긴급피난 시 조업활동 금지 규정 및 위반 시 처벌규정 마련

제7회 전국동시지방선거
바른미래당 정책공약집

국가를 위한 희생·헌신이
대접받는 나라

9

\<나라를 위한 희생을 잊지 않는 것\>이
바른미래

- 국가를 위해 헌신·봉사하는 군 장병 창업, 취업 지원 확대
- 낡은 군대문화 개선으로 선진 병영문화 정착
- 조국에 헌신·봉사한 보훈대상자 예우 강화
- 안보 희생지역, 접경지역에 대한 보상 확대
- 직업 군인과 가족의 생활 여건 향상

국가를 위해 헌신·봉사하는
군 장병 창업, 취업 지원 확대

국민 생각

- 고용 침체로 청년 실업이 악화되는 가운데 조국 수호의 의무를 다하는 장병들이 전역 후 학업이나 창업, 취업 등 안정된 생활을 할 수 있도록 지원이 필요함

바른 약속

장병의 창업·취업 프로그램 운영 및 복지여건 대폭 확대

- 학점인증제, 창업·취업 교육, e-러닝 확대 등 종합대책 마련
- 군 유관업체에 전역장병 취업 알선, 관련업체에 혜택 부여
- 장병의 체육·문화 시설 확충
- 군 복무 중 부상·질병은 완치될 때까지 국가책임 치료 및 보상
- 철책·도로 보수, 잡초 제거 등 힘들고 어려운 군 작업의 아웃소싱 확대

낡은 군대문화 개선으로
선진 병영문화 정착

국민 생각

- 병영내 악·폐습과 열악한 진료여건으로 군 생활에 대한 우려와 걱정이 많은 상황임. 인권·성 군기사고 예방과 장병 진료여건 개선 대책이 필요함

바른 약속

군대 악·폐습 근절 및 장병 진료여건의 혁신적 개선

- 인권·성 군기, 구타 사고 등 종합대책 마련
- 군 복무 부적응자 애로사항을 조치하는 능동적 병원관리 강화
  - 현재 연대(1500명)기준 1명에 불과한 민간 상담사를 추가 운용
- 군병원 내 진료인원 증원, 지역 민간병원과 연계된 진료 여건 강화
- 안전사고, 응급환자 발생 시 신속한 후송체계 마련
  - 군 응급차, 응급구조 119, 응급헬기후송 등과 연계된 통합시스템 운용

조국에 헌신·봉사한
보훈대상자 예우 강화

국민 생각

- 6.25, 월남전 등 참전 유공자의 헌신적 공헌에 비해 보상·복지서비스는 여전히 미흡함. 유공자에 대한 예우는 국가와 국민의 당연한 도리로서 부족하지 않도록 지원해야 함

바른 약속

국가 차원의 합당한 유공자 예우로 명예심·자긍심 부여

- 6.25 참전유공자의 참전 명예수당과 병원 진료비 추가 지원
- 국가유공자의 진료비 감면율 확대, 병원이용 제한규정 완화
- 유공자 국립묘지 추가 조성 및 어르신 기초연금 산입기준 개선, 보상 확대

안보 희생지역, 접경지역에 대한 보상 확대

국민 생각

- 접경지역 규제 및 수도권 영향 등으로 경기 북부권의 개발이 미흡하며, 강원도의 경우, 폐광지역이 산재하여 투자와 개발이 소홀했음. 또, 정부가 장기간 무단 점유한 토지와 접경지역 자영업자의 생활여건 개선을 위한 대책이 필요함

바른 약속

낙후된 경기 북부지역의 개발 및 투자 확대
- SOC 등 투자 확대로 접근성 보장(철도, 도로, 자전거도로 개·보수 등)
- 유적지 발굴·복원, DMZ 생태계 보전 등으로 관광지 개발, 투자 유치
- 국방부에서 장기간 무단 점유한 토지의 보상 추진(예 : 경기도 1,684만㎡)

접경 및 폐광지역에 대한 중·장기 종합발전계획 이행
- 지역 특수의 이벤트 행사와 안보관광지의 연계 개발
- 군사시설보호구역의 해제·완화로 민군 상생여건 마련
- 장병·주민간 상생협약 체결로 지원 강화(산불, 대민지원 / 외출·외박 시 할인 혜택 등)

직업 군인과 가족의 생활 여건 향상

국민 생각

- 군 관사 노후화, 군 자녀의 잦은 전학 등으로 교육 및 생활 여건이 열악하고, 전역 후 재취업 여건이 취약한 실정임

바른 약속

직업 군인과 가족의 안정적 생활여건 대폭 향상

- 노후·협소한 군 관사 및 군 가족 진료여건의 획기적 개선
- 군 자녀 교육여건 개선을 위한 실질적 대책(기숙사, 장학금 제공 등) 마련
- 전역간부의 생활안정자금, 주택분양권, 재취업 등 맞춤형 지원 강화

제7회 전국동시지방선거
바른미래당 정책공약집

1

주민이 행복한 **지방 분권**
지방을 살리는 **바른 정치**

0

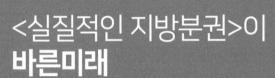

<실질적인 지방분권>이
바른미래

- 지방세 확충과 지방교부세율 인상 동시 추진으로 지방재정 강화
- 사회복지비의 국비 전환 확대로 지방재정 확충
- 강력한 지방재정조정제도 도입으로 지역균형발전 강화
- 주민소환 대상 확대를 통한 주민의 직접통제권 강화 및 지방의회 청렴성 제고
- 14년째 동결된 이·통장 수당 인상

지방세 확충과 지방교부세율 인상 동시 추진으로 지방재정 강화

국민 생각

- 파탄지경에 이른 지방재정 상황
  - 2018년도 기준 지방세수입으로 인건비를 해결할 수 없는 지방정부가 전체 243개 가운데 124개(50.6%), 지방세외 수입을 포함한 자체수입으로 인건비를 해결할 수 없는 지방정부가 71개(29.2%)에 이름

바른 약속

지방세 확충과 동시에 지방교부세율 인상으로 지방재정 강화

* 지방세 확충과 지방교부세율의 변화가 없으면 지방재정에 실질적인 효과가 크지 않음

사회복지비의 국비 전환 확대로 지방재정 확충

국민 생각

- 누리과정에서 논란이 된 보육대란과 같이 사회복지 국고보조사업이 급격히 팽창하여 2015년에는 국고보조사업의 60%를 초과함
  - 사회복지 국고보조사업의 비중 증가는 SOC 등 다른 부문의 비중 감소와 가용재원의 축소를 초래

바른 약속

국고보조금 정리를 통한 지방재정 확충

- 국민 전체가 지역 간 차별 없이 골고루 혜택을 받아야 하는 복지사업은 중앙정부 재정으로 전환
- 폐지된 국고보조사업 부분은 지방교부세율 상향으로 보전

강력한 지방재정조정제도 도입으로 지역균형발전 강화

국민 생각

- 심각한 지역불균형을 해소하는 방법으로 단순히 국세를 지방세로 이양만을 고려할 경우 심각한 지역 간 격차 발생할 가능성
  - 현재 지역 간 인구, 경제, 산업 격차가 상당히 크고, 광역단위는 물론 기초단위에서도 지역적 불균형이 심각함

바른 약속

헌법상 강력한 지방재정조정제도의 도입과 균형발전교부세 신설

- 지역균형발전을 위한 헌법상 강력한 수직적 지방재정조정제도 및 수평적 지방재정조정제도 도입 근거 마련
- 지방교부세율 인상분을 반영하여 지역산업육성, 연구개발 및 지역인재양성, 농어촌 정주여건 개선을 위한 균형발전교부세를 신설

주민소환 대상 확대를 통한
주민의 직접통제권 강화 및 지방의회 청렴성 제고

국민 생각

- 현행 「주민소환에 관한 법률」에서는 소환대상자를 선출직 공직자로 한정하고 있어 비례대표가 제외되는 형평성의 문제가 있으며, 지방의회 의원들의 부패사건이나 토착비리 등으로 인해 주민들의 불신이 팽배한 상황임에도 청렴성 제고를 위한 제도가 미흡한 실정임

바른 약속

주민소환 대상에 지방의회 비례대표 의원 포함

- 「주민소환에 관한 법률」 개정

모든 지방정부의 '지방의회 행동강령' 제정 및 규범 내용 강화

- 각 지방정부의 「지방의회 행동강령」 제정 및 개정

14년째 동결된
이·통장 수당 인상

국민 생각

- 약 9만 3천여 명이 넘는 전국의 이·통장들은 자치행정의 기초적 임무부터 귀농·귀촌 정착 멘토, 자살예방 지킴이, 생활민원 갈등 조정 등까지 역할이 증대되고 있지만 기본수당이 2004년 10만원에서 20만원으로 인상된 이후 동결되어 있는 등 처우가 열악함

바른 약속

이·통장 기본수당을 30만원으로 인상 및 처우 개선

<지방정부 성공>이
바른미래
- 시·도 공약 -

서울

일자리 넘치는
스마트 서울

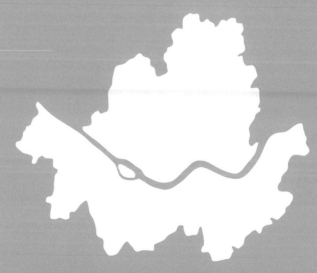

서울 1 | 일자리 넘치는 창업도시

서울의 산업지도를 바꿔 일자리 넘치는 도시를 만들고, 강남북 균형발전을 이루겠습니다.

- **공동창업캠퍼스 구축·직주일체형 창업지원으로 일자리 창출 및 도시재생 추진**
- **강북권 창동–신내–홍릉 4차산업·창업밸리 조성**
- **도심권 관광·게임·엔터테인먼트·패션밸리·한류공연장 조성**
- **강남권 투자유치형 컨벤션–웰빙–의료복합밸리 조성**

서울 2 | 미세먼지 없는 스마트하고 안전한 도시

미세먼지를 해결하고 인공지능에 기반한 교통 및 행정체계를 구축하여 안전하고 매력이 넘치는 글로벌 도시를 만들겠습니다.

- **실내미세먼지기준 강화 및 스모그 프리타워 설치**
- **친환경 자동차 도입 및 충전 인프라 확대**
- **인공지능에 기반한 안전한 정거장 및 도로망 개선**
- **지하철 노선 신설 등 강북권 교통인프라 개선**
- **GTX, 경전철, 신분당선 등 조속한 추진**

서울

서울 3

미래를 대비하는 교육도시

미래 준비를 위한 교육에 아낌없이 투자하여 창의적인 인재를 육성하고 학부모의 부담을 줄여드리겠습니다.

- 창의·인성교육을 위한 초등학교 전일제 도입
- 직업훈련과 여가를 위한 평생교육 혁신
- 학자금 이자 제로
- 바른먹거리 제공을 위한 아침급식과 과일 간식 제공
- 학교 안전 강화를 위한 CCTV 시스템 혁신

서울 4

따뜻한 공동체도시

디지털과 휴머니즘을 결합한 미래형 복지공동체를 만들겠습니다.

- 임대료 절감을 위한 알뜰주택과 공공임대주택 공급 확대
- 특수형태 근로종사자와 프리랜서 등을 위한 고용협동조합 설립 및 지원
- 아동을 위한 보육택시 도입
- 블록체인에 기반한 복지건강드림카드 도입
- 서울시 산하 병원 개인 간병비 지원

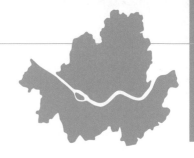

서울 **5** · 행정을 혁신하는 디지털 행정도시

사용자 중심의 디지털 행정 서비스 체계를 구축해 행정비용은 줄이면서 시민들에게
필요한 서비스는 제대로 제공될 수 있도록 하겠습니다.

- **블록체인 기반의 디지털 행정서비스 구축**
- **산하기관 인사청문회 도입**
- **25개 자치구를 5-9개로 통폐합하여 행정 효율성 제고**

부산

다시 뛰는
국제 해양도시 부산

부산 1 해양관광도시 부산 건설
부산 2 김해공군기지 이전 및 유럽 향 신규 노선 취항 추진
부산 3 김해신공항 교통망 확충 및 배후도시 조성
부산 4 균형발전 위한 도시재생사업 활성화
부산 5 청년과 어르신이 행복한 부산

부산 **1**

해양관광도시 부산 건설

항구도시의 이점과 해양 자원을 활용하여 독창적인 매력이 넘치는 해양관광도시를 만들겠습니다.

- **해양·헬기 관광의 메카로 조성**
- **2018 부산 세계마술올림픽 적극 지원**

부산 **2**

김해공군기지 이전 및 유럽 향 신규 노선 취항 추진

폭발적으로 늘어나는 여객수요를 감당하기 위해 김해신공항내 공군기지를 이전하고, 김해공항에서 바로 유럽으로 갈 수 있는 직항 노선을 추진하겠습니다.

- **김해공군기지를 이전하여 김해신공항을 거점공항으로**
- **유럽 향 직항 노선 신설**

부산

부산 3 | 김해신공항 교통망 확충 및 배후도시 조성

김해신공항의 접근성을 높이기 위해 교통망을 확충하고, 공항 활성화를 위한 배후도시 조성으로 활력을 더하겠습니다.

- **접근성 개선을 위한 교통망 확충**
- **공항 활성화를 위한 배후도시 조성**

부산 4 | 균형발전 위한 도시재생사업 활성화

지역 주민이 상생하는 혁신적 도시재생으로 부산 원도심의 활기를 되찾고, 교육·문화 중심의 서부산 개발로 품격높은 도시를 완성하겠습니다.

- **부산의 원도심과 교육·문화 중심의 서부산 개발**

부산 5

청년과 어르신이 행복한 부산

청년들의 도전을 응원하며 스타트업을 육성하고, 어르신들이 살기 좋은 건강 도시를
위해 인프라를 구축하겠습니다.

- **창업자 지원을 위한 스타트업 팩토리 구축**
- **스마트 헬스케어 산업 육성**

대구

미래형
첨단도시 대구

대구 1 대구·경북 관문공항 건설 및 연결교통망 구축
대구 2 대구 기계부품·공구산업 특구 지정
대구 3 맞춤의료 기반 첨단의료복합단지 조성
대구 4 물산업 클러스터 활성화 조속 추진
대구 5 미래형 자동차 선도도시 조성

대구 1 대구·경북 관문공항 건설 및 연결교통망 구축

K-2와 대구공항을 통합 이전하여, 대구·경북 관문공항을 건설하고 글로벌 도시로 경쟁력을 확보하겠습니다.

- **통합신공항을 대구·경북 관문공항으로 건설**
- **연결도로망, 철도망 구축**

대구 2 대구 기계부품·공구산업 특구 지정

로봇 등 첨단산업의 뿌리산업인 기계부품·공구산업 특구를 지정하여 인프라를 강화하겠습니다.

- **현재 42% 수준의 부가가치 창출력을 50% 수준으로 확대**
- **주물, 금형 등 뿌리산업 육성으로 자동차, 로봇산업 등 첨단산업 메카로 육성**

대구

대구 3 맞춤의료 기반 첨단의료복합단지 조성

대구지역 의료산업 발전 및 첨단의료복합단지 활성화를 위해 산·학·연·병 네트워크를 강화하고, 창업 및 사업화 지원을 확대하겠습니다.

- **산·학·연·병 네트워크 연계 지원으로 창업·사업화 가속화**

대구 4 물산업 클러스터 활성화 조속 추진

대구의 새로운 성장동력인 물산업이 활성화될 수 있도록 물산업 R&D 지원 확대 및 국제 네트워크를 강화하고, 물산업 육성을 위한 법을 제정하겠습니다.

- **물산업 R&D 지원 확대 및 국제 네트워크 강화**
- **「물산업 육성을 위한 법(가칭)」 제정**

대구 **5**

미래형 자동차 선도도시 조성

전기차와 자율주행차 R&D 핵심 역량을 강화하고, AI(인공지능)와 결합하여 미래 먹거리
창출을 위해 적극 지원하겠습니다.

- **전기차, 자율주행차 R&D 지원**
- **AI(인공지능)와 결합한 R&D 성과 사업화 추진**

인천

동아시아 관문,
경제도시 인천

인천 1

인천경제자유구역의 경쟁력 강화

국제무역의 요충지로 떠오른 인천항의 배후단지를 자유무역지대로 지정, 국제항만으로서의 경쟁력을 강화하겠습니다.

- **인천항 배후단지 자유무역지대 지정을 통한 국제경쟁력 확보**
- **투자요건 완화 및 세제 혜택 부여**

인천 2

지역특성에 맞는 미세먼지 저감대책 추진

중국과 선박의 영향으로 인한 심각한 미세먼지 문제를 정확한 실태조사를 통해 원인별 종합대책으로 해결하겠습니다.

- **지역별·오염원 크기별 종합대책 수립 및 시행**
- **정확한 실태조사를 위한 미세먼지 측정지점 확대**

인천

인천 3

시민편의 확대를 위한 경인고속도로 일반화 조속 추진

경인고속도로 일반화를 조속히 추진해 동서로 나뉜 생활권을 하나로 만들고, 도로 주변 원도심은 공원 및 녹지 등 다양한 문화시설로 채워 시민들의 소통공간으로 만들겠습니다.

- **도시재생사업과 연계한 지속가능한 발전 사업 추진**

인천 4

GTX-B노선 조기 착공 및 원종-홍대선 인천 서구 연장 추진

GTX-B노선 조기 착공 및 광역철도 원종-홍대선을 인천 서구까지 연장 추진하여 시민의 교통 편의성을 높이겠습니다.

- **GTX-B노선 조기 착공**
- **광역철도 원종-홍대선 인천 서구 연장 추진**

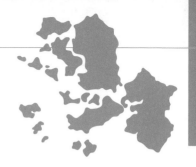

인천 **5**

관광·문화·수상레저 산업 활성화

경인아라뱃길 등 인천지역 인프라를 활용하여 관광레저산업을 육성하고, 국립해양박물관 건립 추진으로 문화산업을 활성화하겠습니다.

- **경인아라뱃길 활성화 지원**
- **국립해양박물관 인천 건립 적극 추진**

광주

지역 균형발전의
출발점 광주

광주 1 친환경자동차·에너지신산업으로 4차산업혁명 선도

전기차·수소차 등 친환경자동차 산업 인프라 구축과 에너지신산업 클러스터 조성으로 4차산업혁명을 선도하겠습니다.

- **국가 미래 전기자동차산업 육성을 위한 인프라 구축**
- **에너지신산업 클러스터 조성**

광주 2 광역교통 문제 해결

지하철 2호선 착공과 송정역 복합환승센터 개발사업을 신속하게 추진해 시민들의 교통 편의를 증진하겠습니다.

- **지하철 2호선 착공**
- **송정역 복합환승센터 조속 추진**

광주

광주 3

아시아문화중심도시 완성

아시아문화중심도시로의 발돋움을 위하여 아시아문화전당을 활성화하고, 국가기록원 분원인 5.18 기록원 설치를 추진하겠습니다.

- **아시아문화전당 활성화**
- **국가기록원분원(5.18 기록원) 설치**

광주 4

사람과 자연이 공존하는 환경 복원

광주시민의 젖줄인 황룡강의 생태 환경을 개선하고, 무등산의 방공포대를 이전해 무등산의 풍광에 숨을 불어넣겠습니다.

- **황룡강 생태복원사업**
- **무등산 방공포대 이전 완료**

광주 5

미래를 짓는 건축 R&D로 스마트시티 선도

미래건축 전문대학원을 유치해 IoT 보안전문가, BIM(빌딩정보모델링), 스마트홈 등 기술
인력을 양성하고, 미래건축기술 특화단지를 조성해 스마트시티로 육성하겠습니다.

- 스마트 건축·도시재생·친환경 건축기술 특화단지 조성
- 미래건축 전시관 및 스마트 안전체험관 운영
- 스마트 건축전문가 양성 및 미래건축 전문대학원 유치

대전

4차 산업혁명 특별시
대전

대전 1 　4차 산업혁명 특별시 조성

4차 산업혁명을 주도하는 대전을 만들기 위해 대덕특구, KAIST, 과학벨트 등 전국 최고 수준의 과학 인프라를 바탕으로 기술창업을 촉진하고 중견·강소기업을 육성하여 새로운 일자리를 창출하겠습니다.

- 기술창업 촉진 및 중견·강소기업 육성
- 기업 생존율 제고를 위한 지원 시스템 구축 및 성장단계별 맞춤형 지원

대전 2 　미래 고부가가치 산업 육성

미래 고부가가치 산업인 전시컨벤션(MICE)산업, 영상산업 활성화로 대전경제를 견인하겠습니다.

- 대전 원도심을 중심으로 전시컨벤션(MICE)산업 육성
- 스튜디오 큐브 인프라를 활용한 영상산업 활성화

대전

대전 3 원자력시설 주변지역 안전관리 강화 및 지원

원자력시설에 대한 시민 불안을 해소하기 위해 주변지역 안전 관리 강화를 위한 제도적 기반과 주민 지원책을 마련하겠습니다.

- 원자력 시설 주변지역 안전관리 체계 강화
- 원자력 시설 주변지역 지원대책 마련

대전 4 호남선 KTX 서대전구간 선로개선

서대전역은 호남고속철도 개통 이후 이용객이 감소하여 주변상권이 침체일로를 겪고 있습니다. 호남 KTX 서대전 구간 선로개선으로 서울과 영호남을 연결시키던 철도중심지 대전의 위상을 되찾겠습니다.

- 충청·호남 상생발전을 위한 호남선 고속화 사업 조기 착공
- 호남선 고속화 사업 추진을 통한 서대전역 KTX 운행 증편

대전 5

국제적인 특허 허브 도시로 육성

대전은 특허청과 대덕연구단지 등 기반시설 뿐만 아니라 특허범죄 중점검찰청·특허법원 등 지적재산권과 관련된 행정, 사법기능이 집중되어 있습니다. 특허자산에 대한 지식재산 집적화로 대전을 국제 특허 허브 도시로 만들겠습니다.

· **최고 수준의 특허자산을 바탕으로 지식재산 집적화**

울산

대한민국 산업수도
울산

울산 1 세계 최대의 수소자동차 도시로 육성

울산 2 3D프린팅 산업을 신성장동력으로

울산 3 원자력 안전기술 확보 및 재난안전연구 인프라 구축

울산 4 공유경제로 경제 살리고, 공동체 복원

울산 5 노사정 대타협으로 일자리 나누기 달성

울산 1 세계 최대의 수소자동차 도시로 육성

자동차 생산 핵심도시인 울산에서 미세먼지 해결책으로 부상하는 수소자동차 산업을
선도적으로 추진하여 미래 성장 동력을 확보하겠습니다.

- **수소자동차 및 충전소 보급 선도적 추진**
- **울산과학기술원을 중심으로 노벨타운 및 글로벌 전지클러스터 조성**

울산 2 3D프린팅 산업을 신성장동력으로

3D프린팅 산업 육성과 국립 3D프린팅연구원 설립을 추진하겠습니다.

- **3D프린팅 육성 사업 지원**
- **국립 3D프린팅연구원 설립 추진**

울산

울산 3 | 원자력 안전기술 확보 및 재난안전연구 인프라 구축

원자력 안전관리를 위한 기구를 정비·확대하여 재난 안전을 강화하고, 방재과학기술진흥재단 설립으로 재난대응 능력을 제고하겠습니다.

- **원전 안전 감독기구 재정비 및 안전센터 확대·강화**
- **방재과학기술진흥재단 설립**

울산 4 | 공유경제로 경제 살리고, 공동체 복원

공유경제 활성화로 셰어하우스 창업을 지원하고, 아파트 공동체 복원으로 살기좋은 따뜻한 공동체를 만들겠습니다.

- **빈집 리모델링 셰어하우스 보급 및 창업 지원**
- **살기좋은 아파트 공동체 조성 및 아파트 자치 관리 지원**

울산 **5**

노사정 대타협으로 일자리 나누기 달성

일자리가 없어 울산을 떠나는 일이 없도록, 양질의 일자리 나누기 노사정 대타협을 추진하겠습니다.

- 임금피크, 노동시간 단축, 정년연장 시행 사업장 지원
- 3소득(근로소득·사회소득·기타소득) 증대방안 공동컨설팅

지방정부 성공이
바른미래

세종

젊음이 숨쉬는
희망도시 세종

세종 1 행정복합도시 세종시 건설
세종 2 접근성 강화를 위한 교통망 구축
세종 3 국내외 우수대학 유치
세종 4 중부권을 대표하는 어린이 전문병원 설립
세종 5 문화·의료·상업시설 등 정주기반시설 조속 추진

세종 **1** 행정복합도시 세종시 건설

아직 이전하지 않은 중앙행정기관 이전을 완료하여 세종시의 미래경쟁력을 확보하고,
국정의 효율성을 높이겠습니다.

- **중앙행정기관 추가 이전 및 국회 이전**

세종 **2** 접근성 강화를 위한 교통망 구축

인구 30만명 세종시의 교통 복지 증진을 위해 서울 간 고속도로를 조기 완성하고, 수도권
전철 및 대전 도시철 연계로 교통 접근성을 강화하겠습니다.

- **세종-서울간 고속도로 조기 완공**
- **주변도시와 연결 교통망 구축**
- **수도권 전철 및 대전 도시철 연계**

세종

세종 3 국내외 우수대학 유치

국내외 우수대학 유치를 위해 대학부지를 무상 지원하고 세종에서 인재를 양성하겠습니다.

- **우수 대학 유치를 위한 대학부지 무상 지원**

세종 4 중부권을 대표하는 어린이 전문병원 설립

전국 출산율 1위 도시인 세종의 지속가능성을 제고하기 위해 어린이 전문병원을 설립하겠습니다.

- **중부권 어린이 전문 의료 서비스 제공 및 지역간 불균형 해소**

세종 **5**

문화·의료·상업시설 등 정주기반시설 조속 추진

문화·의료·상업시설 등 인프라 구축에 박차를 가해 정주기반시설을 완성하겠습니다.

- **문화·의료·상업시설 등 정주기반시설 조속 추진**

경기

혁신성장의 도약
경기

경기 **1**

출퇴근이 편안하고 안전한 경기도

수도권 광역교통청을 신설해 수도권 공공교통시설을 체계적으로 관리·운영하겠습니다.
GTX 건설로 장거리 통근 시간을 획기적으로 단축해 경기도민의 삶의 질을 높이겠습니다.

- **수도권 광역교통청 설립**
- **수도권 광역철도 건설(GTX)**

경기 **2**

혁신성장 중심, 4차 산업혁명의 요람

'판교-광교-동탄'으로 이어지는 융복합 스마트 혁신벨트를 조성해 경기도를 4차
산업혁명의 요람으로 키우겠습니다. AI, IT를 기반으로 한 기술·서비스·콘텐츠 사업 등
신산업 플랫폼을 육성해 혁신성장의 기반을 다지겠습니다.

- **판교-광교-동탄 융복합 스마트 혁신벨트 조성**
- **미래형 기술개발 및 플랫폼 도시 구축**
- **융복합 스마트시티 테스트베드 구축**

경기

경기 3

남북교류협력의 전진 기지로 조성

경기도에는 고양·김포·파주·연천 등 분단된 남북의 접경지역이 존재합니다. DMZ·접경지역을 통일을 준비하는 한반도의 평화 관광 지역, 환경 생태 지역으로 조성하겠습니다.

- 서해-DMZ 평화밸트 조성
- DMZ·접경지역을 관광, 환경 생태 지역으로 조성

경기 4

경기 북부와 남부의 균형 발전

경기 북부의 경우 군사보호구역, 그린밸트 등의 규제로 인해 발전이 더딘 상황입니다. 북부 접경지역의 규제를 단계적으로 완화하고, 양주에서 연천으로 이어지는 고속도로를 건설해 성장 잠재력을 끌어올리겠습니다.

- 양주-연천 고속도로 조기 건설
- 북부 접경지역 규제 완화

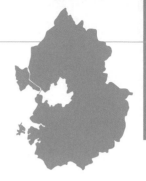

경기 5 고품격 문화관광레저 활성화

경기도의 때 묻지 않은 자연과 풍부한 문화유산을 활용해 지역특화 관광산업의 요충지로 만들겠습니다.

- **문화컨텐츠·생태예술·문화유산 등 지역특화 관광산업 활성화**

강원

평화통일의 마중물
강원

강원 1 지역 특성화 산업 및 폐광지역 대체산업 육성

강원 2 접근성 제고를 위한 교통망 확충

강원 3 접경지역 군사시설보호구역 완화

강원 4 동해 해저자원 집중개발

강원 5 올림픽시설 사후관리 및 동계 스포츠 거점도시 육성

강원 1 지역 특성화 산업 및 폐광지역 대체산업 육성

강원도의 지리적·환경적 특성을 활용하여 미래 먹거리인 바이오 성장산업 육성 및 첨단의료기기 복합산업단지를 조성하고, 폐광지역을 신재생에너지 집적단지와 CCS 단지(Carbon Capture & Storage : 이산화탄소 저장기술)로 조성하겠습니다.

- **춘천 바이오 성장산업 및 수열에너지 융복합클러스터 조성**
- **첨단의료기기 복합산업단지 조성**
- **신재생에너지 집적단지 조성**
- **태백산분지의 석탄층을 활용한 이산화탄소 저장단지(CCS단지) 조성**

강원 2 접근성 제고를 위한 교통망 확충

기반 SOC 확충을 위한 '서울-속초 동서고속철도'와 '제천-삼척 고속도로' 건설을 조기에 착공하겠습니다.

- **서울-속초 동서고속철도 조기 추진**
- **제천-삼척 고속도로 조기 착공**

강원

강원 3 접경지역 군사시설보호구역 완화

강원도 접경지역의 제한보호 구역을 완화하고 군사시설보호구역의 변경·해제 절차를 간소화하여 주민 편의를 높이겠습니다.

- 접경지역 민통선 및 제한보호구역 합리적 조정
- 군사시설보호구역 변경·해제 절차의 신속성 제고

강원 4 동해 해저자원 집중개발

동해연안의 대륙붕에 매장된 각종 해저자원의 개발을 통한 연안사업을 육성하겠습니다.

- 고성군 죽왕리의 해양심층수 농공단지 활성화
- 무연탄, 망간단괴, 텅스텐 등 해저광물자원 개발
- 경제성있는 가스하이드레이트 탐사 및 광구개발

강원 5 올림픽시설 사후관리 및 동계 스포츠 거점도시 육성

평창 동계올림픽 시설에 대한 사후관리 종합대책을 마련하고 올림픽 관련 시설을 기반으로 지속가능한 동계 스포츠 거점도시로 육성하겠습니다.

- 올림픽시설 사후관리
- 동계 스포츠 거점도시 육성

충북

내륙의 중심
충북

충북 1 청주 국제공항 활성화를 위한 LCC 재유치 추진 및 인프라 확충
충북 2 오송역과 청주공항 연계개발을 통한 오송역세권 활성화
충북 3 차세대 산업인 드론전문 MRO단지 조성
충북 4 미래지향적인 6차 산업 특화 발전
충북 5 창업이 자유로울 수 있도록 든든한 인프라 조성

충북 1

청주 국제공항 활성화를 위한 LCC 재유치 추진 및 인프라 확충

공항 인프라 확충을 위한 신규 LCC 유치 및 주요 도시간 고속화 도로 건설 등으로 고객 중심의 빠르고 편리한 국내 중심부 공항을 만들겠습니다.

- **신규 LCC 유치 추진**
- **청주 국제공항 인프라 확충**

충북 2

오송역과 청주공항 연계개발을 통한 오송역세권 활성화

오송역과 청주공항이 단순 경유지가 아닌 지역 내 소비 창출 기능을 강화할 수 있도록 청주공항과 연계개발을 추진하겠습니다.

- **오송역세권 개발 사업, 청주공항과 연계개발 추진**

충북

충북 3 | 차세대 산업인 드론전문 MRO단지 조성

첨단 산업용 드론, 경정비 부품소재, 경비행기 산업 단지 등 드론전문 MRO단지를 육성하여 장기적으로는 최첨단 하이퍼루프 부품산업단지 육성으로 경쟁력을 키워나가겠습니다.

- **첨단 산업용 드론 및 경비행기 단지 조성**
- **경정비 부품 소재 산업단지 조성**
- **최첨단 하이퍼루프 부품 산업단지 조성**

충북 4 | 미래지향적인 6차 산업 특화 발전

고부가가치 농산물생산 인프라 지원 및 충북 '농산물주식회사' 설립, 충북형 '로컬푸드 클러스터' 유치로 농업을 미래지향적인 6차 산업으로 특화 발전시키겠습니다.

- **고부가가치 농산물생산 인프라 지원**
- **충북 '농산물주식회사' 설립**
- **충북형 '로컬푸드 클러스터' 유치**

충북 **5**

창업이 자유로울 수 있도록 든든한 인프라 조성

충북 지역의 투자전문 벤처캐피탈 재설립 및 1사 1창업가 멘토링 결연 지원, 노·장·청 공동 신규창업 인센티브 제공으로 창업이 자유로운 인프라를 조성하겠습니다.

- **충북 지역 투자전문 벤처캐피탈 재설립**
- **산·학·연 연계를 통한 1사 1창업가 멘토링 결연 지원**
- **'실패스펙' 제도 도입으로 패자부활전 강력 지원**

충남

신성장동력의 기반
충남

충남 **1** | ## 중부권 동서내륙횡단철도 건설

서해안과 동해안을 잇는 동서내륙횡단철도 건설로 중부권 지역경제 성장과 인적·물적·문화 교류를 활성화 하겠습니다.

- **국가 철도망 동서축 구축을 위한 중부권 동서내륙횡단철도**

충남 **2** | ## 동아시아 그린바이오 클러스터 조성

축산업의 글로벌 경쟁력을 확보하고, 농촌 환경문제 해결에 선제 대응을 위해 그린바이오 산업을 체계적으로 지원하겠습니다.

- **기술상업화를 선도하는 그린바이오 융합클러스터**
- **신생기업, 대기업, 교육훈련이 공존하는 산업생태계 조성**

충남

충남 **3**

국도 38호선 지정 교량 건설

서해안 지역의 관광자원을 활용하고 접근성 향상을 위해 서해안 가로림만으로 단절된 국도 38호선 지정 교량을 건설하겠습니다.

- **서해안 가로림만으로 단절된 38호선 국도 노선 교량 건설**

충남 **4**

경부고속도로(남이-천안) 확장

경부고속도로의 상습 지·정체를 해소하고 향후 교통량 증가에 대처하기 위해 남이-천안간 구간을 확장하겠습니다.

- **남이-천안 JCT 구간 8차선 확장**

충남 **5**

KTX 공주역 활성화 사업 조기 추진

KTX 공주역 활성화를 통해 공주시, 논산시, 계룡시, 부여군, 청양군 등 주변지역의 발전 거점으로 재도약 할 수 있도록 하겠습니다.

- **행복도시 광역계획권 사업으로 공주역 활성화 사업 조기 추진**
- **문화·관광을 테마로 한 공주역세권 개발**

전북

농생명산업의 허브
전북

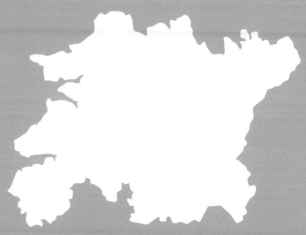

전북 1 농생명·식품산업 육성

전북의 농생명 R&D 역량과 국가식품클러스터, 민간육종 연구단지 등을 유기적으로 연계해 미래농업 서비스 플랫폼을 구축하고, 첨단 스마트팜 단지를 건설하겠습니다.

- **국가식품클러스터 2단계 사업**
- **첨단 스마트팜 혁신밸리 조성**
- **지능정보 데이터 미래농업 서비스 플랫폼 구축**

전북 2 새만금 개발의 성공적 추진

복합리조트와 신항만·국제공항 건설로 서해안 시대를 여는 동북아의 경제 거점으로 만들겠습니다.

- **새만금 복합리조트 건설**
- **새만금 신항만·국제공항 건설**

전북

전북 3

미래형 신산업 육성 위한 글로벌 탄소밸리 조성

미래먹거리인 탄소산업 육성을 위해 한국탄소산업진흥원을 설립해 전북의 중장기 성장기반을 세우겠습니다.

- **융복합 글로벌 테스트베드 기반 구축**
- **한국탄소산업진흥원 설립**

전북 4

금융타운 조성

연기금 전문대학원을 설립해 금융전문인력을 양성하고, 전북을 새로운 금융중심지로 만들겠습니다.

- **제3의 금융중심지 지정**
- **연기금 전문대학원 설립**

전북 5

혁신 중소기업을 육성하여 일자리 창출

중소기업연수원 건립으로 지속가능한 성장환경을 구축하고, 글로벌 경쟁력을 확보하겠습니다.

· **지속가능한 성장환경 구축을 위한 중소기업연수원 건립**

전남

미래성장산업 선도
전남

전남 1 동북아 해양수산·관광, 미래산업선도지역 지정

전남 2 무안국제공항 서남권 거점공항으로 육성

전남 3 농생명 치유복합단지 조성 및 동물복지형 친환경단지 조성

전남 4 글로벌 에너지신산업 클러스터 구축

전남 5 해양 헬스케어산업 육성

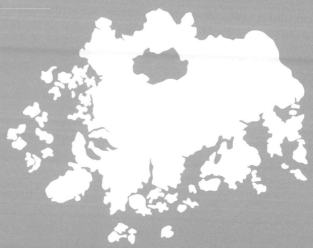

전남 1

동북아 해양수산·관광, 미래산업선도지역 지정

광양, 목포, 여수 등 물류항의 경쟁력 강화로 수산식품 및 기자재 산업을 활성화하고, 다도해를 중심으로 한 해상복합관광 지구를 조성해 미래산업을 선도하겠습니다.

- **수산식품·기자재 산업 및 해양관광산업 육성**
- **국제레저산업 지구 조성**
- **다도해 해상복합관광 지구**

전남 2

무안국제공항 서남권 거점공항으로 육성

무안국제공항의 국제항공노선을 확충해 중국·일본·동북아 등에서의 접근성을 강화하고 KTX연계 등 공항기반시설 확충으로 항공수요 증가에 대비하겠습니다.

- **국제항공노선 확충**
- **KTX연계 등 공항기반시설 확충**

전남

전남 3

농생명 치유복합단지 조성 및 동물복지형 친환경단지 조성

작물이나 가축을 기르며 마음을 치유하는 '농생명 치유농업'을 활성화해 농촌 지역의 사회적 서비스를 촉진하겠습니다. 동물복지형 친환경 한우사육단지 조성으로 안전한 축산물을 생산하고 공급하겠습니다.

- **농생명 치유농업 활성화 기반 구축**
- **치유농업 육성 및 산업화 거점 구축**
- **동물복지형 친환경 한우사육단지 및 팜랜드 조성**

전남 4

글로벌 에너지신산업 클러스터 구축

에너지 연구개발특구를 확대하고, 차세대 2차 전지 산업화 지원과 산단 마이크로그리드 구축을 통해 전남이 에너지 신산업분야 혁신의 구심점으로 자리매김하도록 하겠습니다.

- **에너지 산업단지 지정 및 연구개발특구 확대**
- **차세대 2차전지 산업화 지원 및 산단 마이크로그리드(MG) 구축**

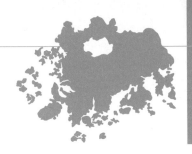

전남 5 해양 헬스케어산업 육성

의료·관광·바이오산업이 융합된 해양헬스케어단지를 조성해 전남 해양치유자원을 실용화하겠습니다.

- **해양치유자원 실용화 기반 연구**
- **해양치유 인프라 구축을 위한 해양헬스케어단지 조성**
- **해양치유 및 건강 증진, 임상지원을 위한 해양헬스케어센터 건립**

지방정부 성공이
바른미래

경북

문화와 첨단의 공존
경북

경북 1 사통팔달 광역교통망 건설
경북 2 환태평양 물류거점 지역으로 육성
경북 3 친환경, 신농업의 바이오산업 클러스터 구축
경북 4 제4세대 방사광가속기 중심 첨단 의료산업 육성
경북 5 역사문화관광벨트 조성

경북 1

사통팔달 광역교통망 건설

사통팔달 교통인프라 구축으로 지역 균형 발전을 이루고 효율적인 물류 인프라를 확보하겠습니다.

- **동서 5축 고속도로(보령-안동-울진) 조기 건설**
- **산업물류 위한 도로보강 사업과 효율적인 철도연결망 구축**

경북 2

환태평양 물류거점 지역으로 육성

남북7축 영일만횡단고속도로 건설과 영일만신항 배후단지 국가산단 지정으로 동해안을 환태평양 국제물류 거점으로 만들겠습니다.

- **남북 7축(포항-삼척) 영일만횡단고속도로 건설**
- **영일만신항 배후단지 국가산단 지정**

경북

경북 3

친환경, 신농업의 바이오산업 클러스터 구축

기존 농업 인프라를 극대화하여 친환경 농업연구개발과 바이오에너지 산업 중심지로
육성하겠습니다.

- **친환경 농업연구개발 중심지로 육성**
- **친환경 바이오에너지 산업 지역으로 육성**

경북 4

제4세대 방사광가속기 중심 첨단 의료산업 육성

세계 신약시장에서 주도권을 선점하고 지역주력 산업의 위기를 극복할 수 있는 미래
동력을 확보하겠습니다.

- **신약개발 클러스터 조성**

경북 **5**

역사문화관광벨트 조성

성주·고령의 가야문화권, 경주의 신라문화권, 안동·의성의 유교문화권 등 각 지역 특색을 반영한 프로그램을 개발하여 문화관광산업을 지원하고, 지역 특화 스포츠 육성을 위한 인프라를 확충하겠습니다.

- **지역 특색을 반영한 문화관광산업 개발**
- **의성 컬링 등 지역 특화 스포츠 육성 및 인프라 확충**

경남

새로운 도약의 시작
경남

경남 1 | 지역 산업 및 고용 위기 극복을 위한 지역경제 대책

경남 주력산업인 조선과 기계 산업의 위기를 극복하고, 지역경제 회복을 위한 발판을
마련하겠습니다.

- 조선산업 구조조정 대응
- 수요 창출 위한 공공선박 발주 확대 추진
- 조선업취업희망센터 연장운영 및 실업자비정규직취업희망센터 운영

경남 2 | 남부내륙철도 조기 건설과 광역교통망 조기 구축

국가 교통망의 체계적인 개선과 지역 산업·관광 거점의 경쟁력 강화를 위하여 광역
교통 인프라를 구축하겠습니다.

- 남부내륙철도 조기 건설로 교통망 확충과 관광거점 확보

경남

경남 3 소재산업 등 제조업과 ICT를 융합한 첨단산업 육성

기존 제조업에 ICT를 융합하여 주력산업의 다양화를 이루어 내겠습니다.

- 재료·소재 연구기관 중심의 제조업 집적화단지 조성
- IoT 스마트 부품 특화단지 조성

경남 4 거점지역별 특화산업 조성

각 지역 특색에 맞는 미래먹거리 산업을 발굴하여, 균형 발전하는 경남을 만들겠습니다.

- 진주·사천 : 항공우주산업 육성을 통한 신성장동력 확보, 항공 MRO 사업 유치
- 밀양 : 나노융합산업의 중심지로 지원·육성, 정주시설 및 기반 시설 강화

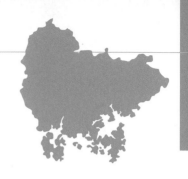

경남 **5**

해양레저 허브 구축 등 관광 활성화

어업활동과 해양레저가 함께하는 피셔리나 조성사업과 마리나 항만 등 기반시설 확충으로 해양레저를 활성화시키겠습니다.

제주

세계의 자연 유산
제주

제주 1 글로벌 수준의 분권형 자치 모델 확립, 평화와 화합 실현

글로벌 수준의 분권형 제주특별자치도로 완성하겠습니다. 4.3의 명예회복과 진상규명을 위한 특별법 개정으로 평화와 화합을 실현하겠습니다.

- **분권형 지방자치 모델 확립**
- **4.3의 명예회복과 진상규명을 위한 특별법 개정**

제주 2 하수처리 구역 확대 지정

인구 급증 및 관광객 증가로 발생하는 지하수 수질 오염을 최소화하고 생명수인 제주 지하수를 보전하기 위한 대책을 마련하겠습니다.

- **하수처리 구역 확대 지정 및 하수처리장 확충, 하수관거 정비 지원**

제주

제주 3

제주 에너지 자립섬 구축

전기차 선도지역인 제주를 전기차 특구로 지정·추진하고, 신재생에너지 기반 신산업을 지속적으로 육성하여 명실상부한 에너지 자립섬으로 만들겠습니다. 제주의 경관을 보전하기 위해 송·배전선로 지중화를 추진하겠습니다.

- **전기차 특구 지정 추진**
- **신재생에너지 기반 신산업 육성**
- **송·배전선로 지중화 추진**

제주 4

국내항공운송요금 예고제를 인가제로 변경

제주도 기·종점 항공노선의 독과점으로 인한 항공사들의 요금 인상 담합을 개선하기 위해 국내항공운송요금 예고제를 인가제로 변경하겠습니다.

- **국내항공운송요금 예고제를 인가제로 변경하는 「항공사업법」 개정**

제주 5 | 경관농업 가치 인정으로 농가소득 확대

제주만의 경관을 자랑하는 경관농업에 대한 사회적 가치를 인정하여 농가소득을 끌어올리겠습니다.

- **경관농업 가치에 대한 사회적 보상 방안을 활용한 농가소득 향상**

제7회 전국동시지방선거 바른미래당 정책공약집
희망 가득 바른 나라, 함께 하는 행복 미래

2018년 5월 14일 초판 1쇄 인쇄
2018년 5월 17일 초판 1쇄 발행

지 은 이 바른미래당
펴 낸 이 바른미래당 정책위원회
펴 낸 곳 책미래
디 자 인 (주)리커뮤니케이션 (1544-9631)

출판등록 제 2010-000289호
주   소 서울시 마포구 공덕동 463 현대하이엘 1728호
전   화 02-3471-8080
팩   스 02-6008-1965
이 메 일 liveblue@hanmail.net

ISBN 979-11-85134-46-8 03340